小学校算数 単元内自由進度学習のデザイン

imai keisuke

今井 啓介

はじめに

「どのような授業を，子どもたちと一緒につくっていきたいですか？」

この質問に対して，皆さんならどのように答えますか。

「子どもたちが自分で課題を見つけて，それを解決していくような授業をつくってみたい」

「子どもたちが『今日の授業，楽しかった！』と思えるような授業をつくってみたい」

「子どもたちが友だちと関わる中で，課題を解決していくような授業をつくってみたい」

多くの先生たちが，このような「子ども主体」の授業づくりを目指していきたいと考えているのではないでしょうか。

2024年12月25日に，学校の教育内容などを定めた学習指導要領の改訂に向けた検討が，中央教育審議会（中教審）に諮問されました。主な審議事項として，以下の４つがあげられています。

①質の高い，深い学びを実現し，分かりやすく使いやすい学習指導要領の在り方

②多様な子供たちを包摂する柔軟な教育課程の在り方
③各教科等やその目標・内容の在り方
④教育課程の実施に伴う負担への指摘に真摯に向き合うことを含む，学習指導要領の趣旨の着実な実現のための方策

「②多様な子供たちを包摂する柔軟な教育課程の在り方」の中には，「興味・関心や能力・特性に応じて子供が学びを自己調整し，教材や方法を選択できる指導計画や学習環境デザインの重要性，デジタル学習基盤を前提とした新たな時代にふさわしい学びや教師の指導性」の在り方があげられています。

中央教育審議会が提唱する「令和の日本型学校教育」の中で，個別最適な学びと協働的な学びの一体的な充実が掲げられましたが，ここでも，子ども自身が興味・関心や能力・特性に応じて自己調整しながら学んでいく授業づくりが求められています。

以上のことからも，これからの授業づくりにおいては，教師主導のみの授業から，子ども主体の授業に授業観をアップデートしていく必要があることがわかります。

子ども主体の授業づくりの重要性については，多くの先生が実感していることと思います。しかし，実際にやってみようとしても，どのようにすればよいのか迷ったり，悩んだりしてしまうのではないでしょうか。

はじめに　003

実際，子ども主体の授業の大切さについて先生たちと話をしていると，こんな声が聞こえてきます。

　「『子ども主体』にすると，授業がグダグダになってしまうんじゃないかな…」
　「全部子ども任せにしてしまうと，学習内容がしっかり身につくか心配だな…」
　「一人ひとりの子どもたちの学習進度に応じた教材を準備しないといけないのかな。そうすると，準備に時間がかかり過ぎてしまうな…」
　「子どもたちが自由に発言すると，本当に引き出したいことは出てくるのかな…」
　「学年が上がるほど子ども同士の関わりは固定的になってくるから，相談するときも，子どもたちにすべて任せてしまうと，遊んでしまうのではないかな…」
　「子どもたちが自分のやりたいことをやっていると，一人ひとりが何をしているのかを把握することが難しそうだな…」

　このように，新しい取組に対していろいろな不安や疑問がわいてくるのは当然だと思います。
　私自身も，はじめて「自由進度学習」の研究を行っている学校を参観したときに，「今まで自分がやってきた授業とは全然違うな」と感じました。しかし，そこで授業をしている先生と話をさせていただいたとき，「それって，今

まで私が授業づくりをしていくときに大切にしてきたことと一緒なんじゃないか」と気づかされました。それは，授業の中での子どもたちの思いや気づきを大切にし，それらを基に子どもたちが考える時間を取り，子どもたち自身が解決しやすい方法を選択していくことを大切にする授業づくりでした。

この気づきから，「自由進度学習」を，まったく新しい授業スタイルではなく，今行っている授業スタイルを少し違う視点から捉え直し，教師主体で進めていた部分に，子ども自身が自ら考え，選択する「子どもたちに任せる活動」を取り入れたのが，本書で提唱する「自由進度学習」のスタイルです。

今目の前にいる子どもたちの10年後の姿を想像してみてください。想像した子どもたちが「様々な課題に出合ったときに，自ら考え，自ら動く人」になるように，小学校の段階でどのような授業を行っていくことが大切なのかを一緒に考えていきましょう。そして，子どもたちの目が輝く授業づくりを目指して，様々なことに挑戦していきましょう。

2025年3月

今井啓介

もくじ

はじめに／002

第1章
「子ども主体」の
算数授業を阻むもの

1 教師主導の算数授業の実態／010

2 子どもたちが自ら動き出さないのはなぜか／014

3 算数授業の"当たり前"は
本当に当たり前なのか／017

第2章

無理なく取り組める
単元内自由進度学習
のデザイン

1　算数授業と単元内自由進度学習／022

2　家庭学習の取り組み方を見直す／030

3　単元内自由進度学習を
　　進めていくための思考スキル／036

4　思考ツールを活用する／041

5　思考スキルを働かせる算数授業のつくり方／049

6　単元計画のあり方を見直す／059

7　「教えるところ」と「考えさせるところ」／067

第**3**章

単元内自由進度学習の実践例

単元計画のつくり方／074

1年の実践例「形あそびをしよう」／078

2年の実践例「三角や四角の形を調べよう」／088

3年の実践例「長い長さをはかって表そう」／101

4年の実践例「箱の形の特徴を調べよう」／112

5年の実践例「図形の角を調べよう」／122

6年の実践例「およその面積や体積を求めよう」／132

第1章

「子ども主体」の算数授業を阻むもの

1 教師主導の 算数授業の実態

　1人1台端末の導入により，学校現場では従来の授業手法に加えて，以下のような授業が展開されるようになりました。

○インタラクティブで参加型の学習を促進し，子どもたちに情報を迅速に取得させ，それを分析・整理させる。
○デジタルツール等を活用し，従来の教科書や黒板だけでは実現できなかった学びを行う。
○リアルタイムでの情報収集やデータ分析を通じて，子どもたちが現実世界の問題に対して実践的なアプローチを考える。

　このように，1人1台端末が導入されたことで，今まで「こんなことができるといいな」「もっと簡単にこんなことができないかな」と思っていたことが，実際にできるようになってきました。
　しかし，実際に様々な授業を見ていく中で，次のように，子ども主体ではなく，教師主導の授業をよく見かけることがあります。

○授業の進行や内容は教師が主導し，子どもに対する指示
　や説明中心で授業が動く。
○教師から子どもへの知識や情報の伝達が授業時間の大半
　を占める。
○教師から指示があったときのみ，グループやペアの活動
　を行う。
○教師が全員の進度や理解度を考慮し，子どもたち全員が
　同じように学習を進めていく。

　例えば，教師が黒板やプロジェクターを用いて授業を行
っても，子どもは内容を受動的に受け取っているだけです。
また，子どもたちがディスカッションをする場面でも，教
師がテーマを提供し，コントロールしています。

　ただ，このように教師主導の授業をしている先生たちが，
「教師主導の授業を行いたい」と思って授業をしているの
かというと，そうではありません。そういった先生たちの
中には「自分が行っている授業は，教師主導ではなく子ど
も主体だ」と思っている先生も少なくありません。

　例えば，6年生の「割合の表し方を調べよう」の比の利
用の学習場面です。

　ケーキをつくるのに，砂糖と小麦粉を重さの比が
5：7になるように混ぜます。小麦粉を140g使うと
き，砂糖は何g必要ですか。

第1章　「子ども主体」の算数授業を阻むもの　011

授業の問題は前ページの通りで，この授業でつけたい力は「線分図を用いて，量と比の関係を明確にし，比の性質を利用して，比の一方の値を求める方法を考え，求めることができる」でした。

　皆さんなら，この授業の導入をどのように行いますか？

　例えば，問題を読んだ後，子どもたちと一緒に線分図をかいて，どこを求めるのかを確認したり，問題だけ提示して後は子どもたちに図や式をかくことをまかせたりするのではないでしょうか。

　しかし，この先生は，

「では，前の時間にやったことを復習しましょう」

と指示しました。

　そして，線分図を子どもたちとかいた後，

「小麦粉は全体の7で140gですね。砂糖は全体の5で，そこが何gかわからないのですね」

と伝えてから，授業がスタートしました。

　授業が始まってから約10分間の出来事です。皆さんは，この授業の様子を思い浮かべてみて，どのように感じるでしょうか。

　前時の復習は大事ですし，問題を解決するための見通しをもたせることも大切です。しかし，果たしてここまで，子どもたちに丁寧に寄り添う必要があるのでしょうか。

　ここでの学習は，線分図を用いて子どもたちが1つ分の大きさを基に考えたり，比の性質を利用して答えを求めたりすることです。しかし，**前時の復習や線分図の詳しい説**

012

明を先生が行ったことで，子どもたち自身が自ら学習方法を選択し，解決する力を育むチャンスを逸してしまっています。

　授業では，多くの子どもが答えを求めることができていました。しかし，そのほとんどの解決の方法が，「小麦粉が140ｇで7だから，1つ分が20ｇになります。砂糖は5つ分だから，20×5で100ｇになります」というものでした。**多くの子どもは，自由に試行錯誤することなく，先生が伝えたヒントを基に答えを求めた**のです。

　その後，やはり先生から「こんな方法もあるよ」と比の性質を利用した考え方を伝え，その方法で考えさせました。しかし，残念なことに子どもたちからは「そんな方法もあるんだ！」「知らなかった！」などという驚いた反応はなく，授業が終わりました。

　このような教師主導の授業を参観し，授業者の先生と話をすると，多くの先生が共通して話をされるのが，「もっと子どもたちに任せたい」ということです。

　つまり，**教師主導の授業をしている先生も，子ども主体の授業を目指しているけれど，それをどのように行っていけばよいのかがわからない**ということです。

第1章　「子ども主体」の算数授業を阻むもの　013

2 子どもたちが自ら
動き出さないのはなぜか

子どもたちが自ら問いを生み出して，それを解決していく授業について，質問を受けることがあります。

「子どもたちが主体の授業ってどんな授業ですか？」

「それってどうやってやっていけばいいんですか？」

「そのために何か変えないといけないのですか？」

といった質問からは，自らの授業観を変えていかなければならないという強い思いを感じます。

子どもたち自身が，授業で出される課題を自分事として考え，「解決したい！」「今まで習ってきた○○を使えば解決できるんじゃないか？」と自ら動き始める授業を多くの先生がイメージし，それを実現しようと様々な実践をしています。

そのような先生たちからよく質問を受けるのが，授業の「めあて」です。

近年，小学校現場では，授業の最初に「めあて」を提示し，授業の最後に「振り返り」や「まとめ」を行うというスタイルが，1つの「型」として定着しつつあります。授業に「めあて」や「振り返り」「まとめ」を取り入れることで，子どもたちが授業の見通しをもつことができ，主体的に学び，仲間との話し合いがより充実したものになり，

学びが深まっていくと考えられているからです。

「めあて」とは，本時のねらいを達成するための，子どもの視点に立った目標のことですが，それは本来，**提示された問題に対して子どもたちが自ら働きかけ，"問い"をもったときにはじめて生まれてくるもの**です。

ところが，「子どもたちに『めあて』を提示しても，全然動き出そうとしないんです」という声をよく聞きます。こういった授業を参観すると，ほとんどの場合「めあて」は先生から一方的に提示され，子どもたちは先生から提示された「めあて」をノートに写しているだけです。

こういった授業では，主体的に自ら「学びたい！」と思う自律的な学習者を育てていくことは難しいでしょう。

4年「角の大きさ」の学習を例に考えてみます。

授業者は，下図を示し，次のように子どもたちに問いかけをしました。

「あの角度は何度ですか？」

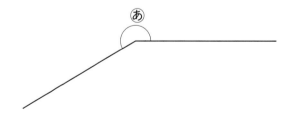

そして，間髪入れず，次のように「めあて」を提示しました。

第1章 「子ども主体」の算数授業を阻むもの　015

「今日の授業のめあては，『180°よりも大きい角度の大きさを求めよう』です」

学習指導要領の該当箇所には，以下の記述があります。

(5) 角の大きさに関わる数学的活動を通して，次の事項を身に付けることができるよう指導する。

　イ　次のような思考力，判断力，表現力等を身に付けること。

　　(ｱ) 図形の角の大きさに着目し，角の大きさを柔軟に表現したり，図形の考察に生かしたりすること。

つまり，「図形の角の大きさ」に子どもたちが着目し，子どもたちの中から，

「あれっ？　いつも使っている分度器よりも大きく開いているぞ」

「180°よりも大きい角度になっているときはどうすればよいのかな？」

「なんとかして180°よりも大きい角度を測ることはできないかな？」

と，**子どもたちから問い（課題意識）が生まれてくることが大切**なのです。

このことに気づかないまま，子どもたちに「めあて」を与えているために，「どうしたら，子どもたちが算数授業で主体的に自ら学んでくれるようになるのだろう」という戸惑いをもつことになります。

016

3 算数授業の"当たり前"は 本当に当たり前なのか

適応問題を解くことは当たり前なのか

　前項の４年生の角度の学習の中で，子どもたちの問いが生まれてくることを待たず，教師から「180°よりも大きい角度の大きさを求めよう」というめあてを提示するという展開では，子どもたちに問いを生み出す力を育む場面もありません。

　この問題で，子どもたちは，下の図のように「180°と30°に分けて，２つの角度をたすと210°になる」という考え方や「360°から150°をひいて，210°になる」といった考え方を見いだしていきます。

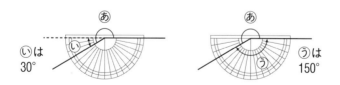

　多くの授業では，問題を解決したら，教師が提示する適応問題を解き，「180°より大きい角度を測ることができる」

第１章　「子ども主体」の算数授業を阻むもの　017

力が身についたことを確かめます。

　ここでも、「めあて」を教師が提示した場面と共通しているすることがあります。それは、**子どもたちが先生から問題を与えられることを待っている**という点です。このように、先生からの指示を常に待っている子どもは、考える問題、考えるタイミング、解決の方法、適応問題…と、授業の中でやるべきことのすべてについて、先生の指示がないと動き出すことができなくなってしまいます。

　例えば、この授業だと、適応問題として「270°よりも大きい角度」を求める問題などよく提示されますが、こういった問題を教師が一方的に与えるのではなく、
　「180°を超える角度を求めることはできたけど、何度まで求めることができるのかな？」
と子どもたち自身に問いをもたせ、
　「同じ求め方でどんな角度が求められるかな」
　「いろんな角度を測ってみたいな」
と様々な角度を測ろうとする姿を引き出したいのです。

　与えられた問題を解くだけで満足するのではなく、**「学習を通して身につけた力を使って、様々なことに挑戦してみたい」という思いをもたせることができなければ、子どもたちの学びは連続していきません。**

自力解決→ペア，グループは当たり前なのか

　算数授業において，子どもたちに自分で考える時間を保証するという考えのもと，「自力解決」の時間を取ります。

　3つの小屋の面積とにわとりの数は，下の表のようになっています。どの小屋が一番混んでいるでしょう。

小屋の面積とにわとりの数

	面積（m^2）	にわとりの数（羽）
A	6	9
B	6	8
C	5	8

　例えば，上のような問題について考えるとき，「①自分1人で考える（自力解決）」→「②グループやペアで考える」という順で授業が展開されることが多くあります。

　しかし，本来なら，**学びの方法は自分に合ったものを子どもたち自身が選択していけばよいはず**です。

　上の混み具合の問題においても，自分1人で考えているだけではなかなか手がかりがつかめないので，行き詰まっ

第1章　「子ども主体」の算数授業を阻むもの　019

たところで先生や友だちに相談したいという子どもがいます。

　一方で，同じように解決に行き詰まったとしても，すぐに先生や友だちに相談するのではなく，自分1人で納得するまで考えたいという子どももいます。

　このことからもわかるように，**子どもたちが「どのように学ぶのか」ということや「どのように考えるのか」といった「学び方」を知らないために，子ども主体の学習が成り立たないことも少なくない**のです。

第2章

無理なく取り組める単元内自由進度学習のデザイン

1 算数授業と
単元内自由進度学習

　単元内自由進度学習とは，子ども主体の学習方法の1つで，自分のペースで学習を進められる形式のことを指します。具体的には，ある単元内で設定された学習目標や内容を，自分の理解度や進度に合わせて進める仕組みです。奈須正裕（2021）は，1980年代から愛知県東浦町立緒川小学校で行われている，1単元分の学習時間をまるごと子ども一人ひとりに委ね，各自が自分に最適だと考える学習計画を立案し，自らの判断と責任で学んでいく学習を「単元内自由進度学習」とまとめています。

　通常の授業では，教師が一斉に指導し，子どもたち全員が同じペースで学ぶことが一般的です。しかし，単元内自由進度学習では，1単元分の時間をすべて子どもたちに委ね，子どもたちに活動内容や時間などを選択させるとともに，子どもたちが自分なりの方法を見いだし，学習に取り組みます。

　単元内自由進度学習には，次のような特徴があります。
①個別の進度調整
　子どもたちは自分が理解した内容を確認しながら，次の

022

ステップへ進むことができます。理解に時間がかかる子ども
もは，ゆっくりと学び，すぐに理解できる子どもはどんど
ん先に進むことが可能です。

②自己管理と自律性の育成

　子ども自身が学習の進度を管理するため，自律的に学ぶ
力が育まれます。計画を立て，目標を達成するための自己
管理能力も鍛えられます。

③個別支援

　教師は子ども一人ひとりの進度に合わせた指導を行うこ
とができるため，個々のニーズに応じたサポートがしやす
くなります。

　このように単元内自由進度学習には，**子どもが主体的に
学び，自分の理解度に応じて学習を深めることができると
いう特徴**があります。

　では，なぜ今，単元内自由進度学習なのでしょうか。
　その背景にあるのが「個別最適な学び」です。
　「個別最適な学び」は，中央教育審議会（2019）の「『令
和の日本型学校教育』の構築を目指して〜全ての子供たち
の可能性を引き出す，個別最適な学びと，協働的な学びの
実現〜（答申）」において，「指導の個別化」と「学習の個
性化」に整理されています。

第2章　無理なく取り組める単元内自由進度学習のデザイン　023

○指導の個別化

　全ての子供に基礎的・基本的な知識・技能を確実に習得させ，思考力・判断力・表現力等や，自ら学習を調整しながら粘り強く学習に取り組む態度等を育成するためには，教師が支援の必要な子供により重点的な指導を行うことなどで効果的な指導を実現することや，子供一人一人の特性や学習進度，学習到達度等に応じ，指導方法・教材や学習時間等の柔軟な提供・設定を行うことなどの「指導の個別化」が必要である。

○学習の個性化

　基礎的・基本的な知識・技能等や，言語能力，情報活用能力，問題発見・解決能力等の学習の基盤となる資質・能力等を土台として，幼児期からの様々な場を通じての体験活動から得た子供の興味・関心・キャリア形成の方向性等に応じ，探究において課題の設定，情報の収集，整理・分析，まとめ・表現を行う等，教師が子供一人一人に応じた学習活動や学習課題に取り組む機会を提供することで，子供自身が学習が最適となるよう調整する「学習の個性化」も必要である。

　これらからもわかるように，個別最適な学びでは，一人ひとりの学習者が自分に合った学習方法やペースで学ぶこ

とができるようにするとともに，すべての子どもが同じ方法，同じ速度で学ぶのではなく，個々の能力や興味，学習スタイルに応じて最適な学習方法を提供することを目指しています。

　例えば，4年「面積」の学習で，下の長方形や正方形の面積の求め方を考える場面があったとします。

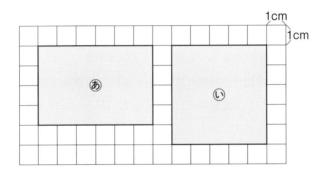

　教師は図を提示して子どもたちに考えさせますが，子どもたちの学習レベルは様々です。
　算数が苦手な子どもは「『面積の求め方』と言われても，どうすればいいかまったくわからないな…」と思っていますし，塾などで先取りして学習している子どもは「もう面積の求め方は知っているよ」と思っています。

　このように，子ども一人ひとりの実態が大きく違うからこそ，子どもたち自身がその単元の目標を知り，そこに向かって計画を立て，学習を行っていく，個別最適な学びを

第2章　無理なく取り組める単元内自由進度学習のデザイン　025

ベースとした単元内自由進度学習が必要になってくるのです。

　しかし，算数授業において，子どもたちに単元のすべての授業を委ねるというのは，現実的に難しい部分があります。

　例えば，4年「面積」の学習の場合，次のような単元計画が考えられます。

時	目標	学習活動
1	面積の単位「平方センチメートル（cm^2）」を知り，面積の意味について理解する。	花壇の設計図の面積の表し方を考える。
2		「面積」の意味や面積の単位「平方センチメートル（cm^2）」について知る。
3	長方形，正方形の面積を計算で求める方法を理解し，面積の求め方を公式にまとめることができる。	長方形，正方形の面積を計算で求める方法を考え，「公式」の意味を知り，長方形，正方形の面積の公式をまとめる。
4		まわりの長さが等しい長方形や正方形の面積を調べ，まわりの長さが等しくても面積が異なる場合があることを知る。

5	既習の長方形や正方形の面積を求める学習を活用して，L字型の図形の面積の求め方を考え，説明することができる。	長方形を組み合わせた図形の面積を，分割したり，補ったりするなどのいろいろな考え方で求め，自分の考えと他者の考えを比較し，共通点や相違点を説明する。
6	面積の単位「平方メートル（m^2）」を知り，辺の長さがmの場合も，長方形や正方形の面積の公式が適用できることを理解する。	辺の長さをmにしたときの面積を考え，面積の単位「平方メートル（m^2）」を知る。
7	面積の単位「アール」「ヘクタール」「平方キロメートル（km^2）」を知り，面積の単位の相互関係を理解する。	辺の長さをkmにしたときの面積を考え，面積の単位「アール」「ヘクタール」を知る。
8		町の面積を調べ，面積の単位「平方キロメートル（km^2）」を知り，km^{2}とm^{2}の関係について調べる。
9	長方形のまわりの長さと面積の関係を，表やグラフを基に考え，説	長方形の縦の長さと横の長さ，面積について表にまとめ，縦の長さと面積

第2章 無理なく取り組める単元内自由進度学習のデザイン 027

	明することができる。	の変わり方を折れ線グラフに表し，その特徴を読み取る。
10	学習内容の定着を確認するとともに，数学的な見方・考え方を振り返り価値づける。	教科書のまとめの問題に取り組む。

　例えば，第2時では，子どもたちは「広さのことを『面積』という」ことや「1辺が1cmの正方形の面積を『1平方センチメートルといい，1cm²と書く』ことを知ります。これらは**全員が必ず理解しなければならない内容**です。このように，全員が足並みをそろえ，同じ内容を理解していかなければならない時間は，どの単元にもあります。

　一方で，第3時や第4時のように，正方形や長方形の面積の求め方を理解した後，それを定着させるために様々な形の長方形や正方形の面積を求めたり，求めていく中でまわりの長さと面積の関係性について調べたりする活動では，**子どもたち自らが目標を設定して，つけたい力をつけるために学習を進めていくことができる場面があります。**

　このように考えると，算数授業における単元内自由進度学習は，**「単元の中で，一斉と自由進度を組み合わせることを基本としつつ，自分に最適な学習計画に基づいて子どもたちが自らの判断と責任で学んでいく」**というのが無理

のない1つの形ということになります。

　これは1つの単元という括りで見たときの話ですが，1単位時間の授業の中でも，一斉と自由進度を組み合わせながら学習を進めていくことは考えられます。

　いずれの場合も，本時や単元の目標に向かって，子どもたちが自らのペースで学習を進めていくことが大切になります。

【引用・参考文献】
・奈須正裕（2021）『個別最適な学びと協働的な学び』東洋館出版社，p.39
・中央教育審議会（2019）「『令和の日本型学校教育』の構築を目指して〜全ての子供たちの可能性を引き出す，個別最適な学びと，協働的な学びの実現〜（答申）」p.17

2 家庭学習の取り組み方を見直す

なぜ家庭学習の取り組み方が重要なのか

単元内自由進度学習を進めていくうえで，授業づくりや単元計画の他に重要になってくるのが，家庭学習の取り組み方です。

現在，多くの学校で子どもたちに取り組ませている主な家庭学習は，漢字ドリル・計算ドリルや音読などではないでしょうか。これらの家庭学習の目的は，学校で学んだ内容を復習したり，繰り返し取り組むことでそれらを定着させたりすることです。

令和6年度全国学力・学習状況調査の学校質問調査において，家庭学習の取組についての以下の3つの質問が設定されています。

【小学校　質問番号71】

調査対象学年の児童に対して，前年度までに，家庭学習の取組として，学校では，家庭での学習方法等を具体例を挙げながら教えましたか

【小学校　質問番号72】

　調査対象学年の児童に対して，前年度までに，家庭学習について，児童が自分で学ぶ内容や学び方を決めるなど，工夫して取り組めるような活動を行いましたか

【小学校　質問番号73】

　調査対象学年の児童に対して，前年度までに，学校では，児童が行った家庭学習の課題について，その後の教員の指導改善や児童の学習改善に生かしましたか

　いずれも「そう思う」「どちらかといえば，そう思う」という肯定的な回答が80％以上という結果です。

　これらの質問項目の中で，特に注目すべきなのが【小学校　質問番号72】の「調査対象学年の児童に対して，前年度までに，家庭学習について，児童が自分で学ぶ内容や学び方を決めるなど，工夫して取り組めるような活動を行いましたか」です。

　この質問の肯定的な回答は89.7％と高い割合を示しています。この質問結果からもわかるように，多くの学校で子どもたちの主体性を大切にした宿題や子どもたちが自分で計画を立てて行う宿題を意識して取り組んでいることがわかります。

　しかし，「児童生徒が自分で学ぶ内容や学び方を決める」といっても，例えば，「今日の自主学習は，とりあえず計算（または漢字）の練習をノート1ページ分やろう」のよ

うな学び方でよいのでしょうか。主体的な学習者として子どもを育てるためには、「今日のわり算の授業では、あまりのある筆算で間違えたから、正確にできるようにあまりのあるわり算を練習しようかな」といったように、**子ども自身が学習の目的や見通しをもって取り組むこと**も視野に入れて家庭学習のあり方を考えていく必要があります。そして、**こういった学習への取り組み方が、単元内自由進度学習においても、子ども自身が学習の目的や見通しをもって取り組むことにつながっていく**のです。

　このような家庭学習にしていくためには、以下のことを子どもたち自身ができるようになることが必要です。

---

①**明確なルーティンをつくる**
　学習計画の作成を習慣にする。
②**目標設定する**
　「今週１週間でここまでできるようになる」などの目標を設定する。
③**内容や方法を考える**
　自分で学びたい内容や方法を選択する。
④**１人１台端末を活用する**
　学習アプリやオンラインリソースを利用する。

授業と家庭学習は両輪

　ここまでで述べたような家庭学習の取組を実践していくためには，授業のあり方も大切になってきます。**授業と家庭学習は両輪としてつながっている**のです。

　授業と家庭学習がつながるとはどういうことか，4年「わり算」の単元での2桁÷1桁の筆算の学習場面を例に説明します。

> 　76枚のコインを，3人で同じ数ずつ分けます。1人分は何枚になって，何枚あまりますか。

　この学習では，今まで学習してきたわり算の仕方と同じで，あまりがあるときも筆算を使えば計算できることを理解し，あまりがあるときの筆算ができるようになることが「つけたい力」です。
　この授業の中で子どもたちが書いた振り返りとして，次のようなものがありました。

筆算の計算間違いをしないようにしたいです。

Aさん

第2章　無理なく取り組める単元内自由進度学習のデザイン　033

Bさん

今日の問題であまりを間違えたので、次は気をつけたいです。

Cさん

76÷3をやったけど、他の数でもやってみたいです。

　A，B，Cの3人の子どもたちは，それぞれ「気をつけたいこと」や「やってみたいこと」が大きく異なることがわかります。

　そこで，これらの振り返りを家庭学習につなげていきます。そうすることで，子どもたちが目的や見通しをもち，そのために何をすればよいのかを考え，家庭学習に取り組むことができるようになります。

　実際にA，B，Cの3人の子どもたちが行った家庭学習は，次のようなものになりました。

Aさん

タブレットにあるAIドリルを使って，繰り返し筆算の練習をしよう。

> 計算ドリルにあるあまりのあるわり算の筆算を，ノートにしよう。

Bさん

> □□÷□の中に好きな数字を入れて，自分で問題をつくって解いてみよう。

Cさん

　このように，授業の中で行った振り返りから，家庭学習で何をすればよいのかを子どもたちが決め，そのために何を使うのかを選択させることで，子どもたちが自分に合った学び方で学んでいくことができるようになっていきます。

　このような家庭学習を積み重ねていくことで，単元内自由進度学習において，より適切に自ら目標を設定し，つけたい力をつけるために学習を進めていくことができるようになります。

【引用・参考文献】
・国立教育政策研究所「令和6年度　全国学力・学習状況調査　調査結果資料【全国版／小学校】」

3 単元内自由進度学習を進めていくための思考スキル

「考える」とはどういうことか

　自由進度学習を進めていくうえで大切なことの1つに，子どもたちに「考える力」を育成することがあります。その「考える力」とは何かということについて考えてみます。

　授業を計画していく中で，一番最初に考えることが，その単元や本時の中でつけたい力とは何かということです。そのつけたい力をつけるために，それぞれの授業の中で，ねらいや「めあて」を設定していくことになります。

　ここで，2つの「めあて」を見てみましょう。

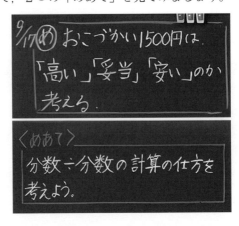

上の「めあて」は「おこづかい1500円は『高い』『妥当』『安い』のか考える」，下の「めあて」は「分数÷分数の計算の仕方を考えよう」となっています。

「めあて」を設定するとき，このように語尾に「…を考える」「…を考えよう」など，「考える」という言葉が使われているのをよく目にします。

この「考える」ですが，実際のところ，算数の授業ではどのように考えればよいのでしょうか。その答えの1つとも言えるのが，「思考スキル（考える技法）」です。

「思考スキル」を用いて考える

思考スキルとは，考えるための技法です。

この思考スキルについて，泰山裕（2012）は，以下のように思考スキルを20に整理しています。

思考スキル	意味
理由づける	意見や判断の理由を示す
順序立てる	視点や観点をもって順序づけする
筋道立てる	物事を順序や構成に従って記述する
変化を捉える	視点や観点を定めて変化を記述する
構造化する	順序や筋道，部分同士の関係を計画する
具体化する	学習事項に対応した具体例を示す
抽象化する	事例からきまりや包括的な概念をつくる

第2章　無理なく取り組める単元内自由進度学習のデザイン　037

推論する	根拠に基づいて先や結果を予想する
変換する	表現の形式（文・図・絵など）を変える
関係づける	学習事項同士をつなげて示す
関連づける	学習事項と実体験・経験をつなげて示す
広げてみる	物事についての意味やイメージ等を広げる
焦点化する	重点を定めたり軽重をつけたりして注目する対象を決める
見通す	行為の効果や影響についてのイメージをもつ
応用する	既習事項を用いて課題・問題を解決する
要約する	必要な情報に絞って情報を単純・簡単にする
評価する	視点や観点をもち根拠に基づいて対象への意見をもつ
多面的にみる	多様な視点や観点に立って対象を見る
比較する	物事を類比・対比することができる
分類する	属性に従って複数のものをまとまりに分ける

　例えば，次ページのようなカレンダーの中から，3の倍数や4の倍数を取り出し，その中には共通する数があることを見いださせたい場面について考えてみます。

　この場面で，ただ「3の倍数の数と4の倍数の数について考えてみましょう」と指示するだけでは，子どもは「考える」ことができません。ここで子どもたちに働かせてほしいのは「比較する」という思考スキルです。

日	月	火	水	木	金	土
1	2	3	4	5	6	7
8	9	10	11	12	13	14
15	16	17	18	19	20	21
22	23	24	25	26	27	28
29	30	31				

1〜31の数の中に，3の倍数の数と4の倍数の数はそれぞれ何がありましたか？

3の倍数と4の倍数を比較できるように整理してみようかな。

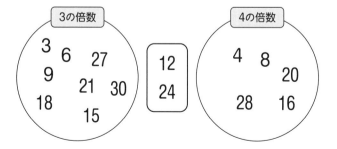

第2章 無理なく取り組める単元内自由進度学習のデザイン 039

12と24は,3の倍数にも4の倍数にも出てくるぞ…

このように,3の倍数と4の倍数を比較して整理することを通して,「12と24は,3の倍数にも4の倍数にも入る」ということを見いだすことができるようになります。

このことからもわかるように,子どもたちは,単元や授業の中で出てきた問いや課題を解決するために様々な「考える」,つまり思考スキルを働かせていることになります。
　特に,**子ども主体の学習である単元内自由進度学習においては,子どもが意識的に思考を働かせられるかどうかは大変重要**になってきます。

【引用・参考文献】
・泰山裕（2012）「思考スキルに焦点化した授業設計のためのパンフレット〜思考力育成を目指す授業のために〜」財団法人パナソニック教育財団

4 思考ツールを活用する

思考ツールを使いこなすことの利点

　子どもたちは，単元や授業の中で見いだされた問いを解決するために，様々な「考える」，つまり思考スキルを働かせていくことになります。

　クラスの35人に，ケーキとおまんじゅうが好きかきらいかを調べたところ，次のことがわかりました。

①ケーキが好きな人…24人
②おまんじゅうが好きな人…19人
③どちらも好きな人…13人

　このクラスの中で，どちらも嫌いな人は何人いるでしょうか。

　上の問題を提示されたとき，皆さんは頭の中でどのように整理し，解決するでしょうか。

第2章　無理なく取り組める単元内自由進度学習のデザイン　041

この問題の中では,「ケーキ」と「おまんじゅう」の2種類のものが出てきます。このような問題の場合には,有名な「ベン図」という「思考ツール」を活用して,整理することが有効です。

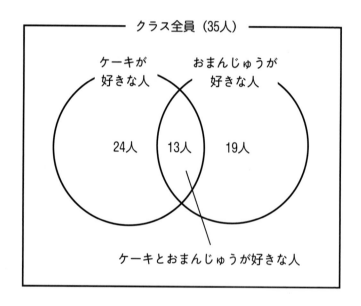

　上のように,ベン図の中に問題で出てきた情報を整理していくことで,どちらも嫌いな人が何人いるのかを考えることができます。
　この問題では,このベン図の中に含まれていない人が,どちらも好きではない人数になります。
　計算式は次の通りです。

$$24 + 19 - 13 = 30$$
$$35 - 30 = 5$$

<u>答え　5人</u>

　このように，思考を働かせるための補助するツールのことを「思考ツール」といいます。前項で取り上げた，分類する，比較する，関係づける，順序立てる，構造化するなどの思考スキルを働かせるとき，その考えを整理して見えやすい形で表現するための道具とも言えます。

　この思考ツールを使いこなすことができるようになると，物事の問題点や問題解決の方向性が見えやすくなります。つまり，**「考えるときの考え方」がわかる**のです。加えて，思考ツールを使って学習することで，考える際の中身やプロセスが見える化されるため，単元内自由進度学習において子どもが自ら学んだり，子ども同士で協働的に学び合ったりすることがより容易になります。

　算数授業では，個別学習の場面と，グループ活動などの協働的な学習の場面の両方で思考ツールを使うことがあります。個別学習を行う際は子どもの思考を促すために使い，協働学習を行う際は特定の課題や活動について共通理解を図るために使われることが多いです。

思考ツールを使うときのポイント

　思考ツールを活用する際，まず指導する立場にある教師
は，何を，どのように考えさせたいのかを意識して，その
目的に合ったツールを使わせるようにすることが大切です。
使いたい思考ツールありきの発想で授業を組み立ててしま
うと，働かせたい思考スキルが明確になっていないため，
考える力の育成につながらない可能性があります。

　例えば，「この単元では，線分図を活用して，『関係づけ
る』という思考スキルを働かせて考えてほしい」といった
ように，単元や授業の中で子どもに働かせてほしい思考ス
キルが適切に設定されていれば，子どもの思考がクリアに
なり，対話的な活動も活発化し，思考が深まったり広がっ
たりしやすくなります。

　一方，実際に思考ツールを使う子どもたちは，思考ツー
ルがかかれたワークシートに情報を書き出して紙面を埋め
ること自体を目的にするのではなく，書き出したことで何
が言えるのかを考えたり，新たに気づいたことを意識した
りすると，学習の質が高まります。

　最終的には，課題に出合ったときに，子どもたち自身が
どのような思考スキルを活用していけば解決することがで
きそうかということを認識して，その中で必要であれば思
考ツールを活用することができるようにしていくというこ

044

とが大切になります。

　そうすることで、単元内自由進度学習を行っていくときも、自分で考え、解決していく子どもたちを育てていくことができます。

　以下、いくつかの思考スキルと、その思考を補助する思考ツールを紹介します。

①多面的にみる
　→Ｘチャート，Ｙチャート，Ｗチャート

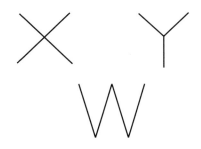

　多様な視点や観点から対象を見るための思考ツールです。例えばＹチャートでは、気温の折れ線グラフから気づいたことを読み取るときに、「気温」「月」「傾き」の３つの視点でチャート内に書き込むことができます。Ｘチャートは４つの視点、Ｗチャートは５つの視点で整理することができます。

②**順序立てる，要約する**

→**ステップチャート**

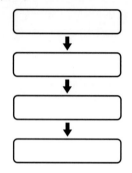

　順序をつける場面で活用できる思考ツールです。物事の手順や工程を表すことができます。筆算の仕方を考えたり，話を要約したりする際にも活用できます。また，矢印は時系列だけでなく，重要度などへの応用も可能です。

③**比較する，分類する**

→**ベン図**

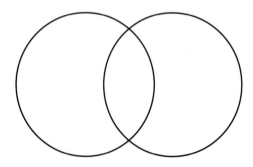

　比較したり，分類したりする場面で活用することができる思考ツールです。2つの対象を比較して，共通点や相違

点を見つけ，整理・分類することができます。比較，分類のために使用するので，整理したものをどのように活用するかが大切になります。

④**理由づける**
　→**クラゲチャート**

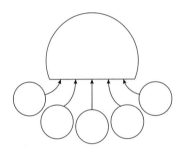

　理由づける場面で活用できる思考ツールです。頭の部分に主張を書き込み，足の部分には主張に対する理由や根拠，要因を書き込みます。主張の理由や根拠を明確にしたり，説得力のある主張を考えたりする場面で役立ちます。

⑤**焦点化する，抽象化する，構造化する**
　→**ピラミッドチャート**

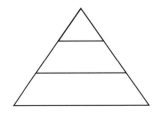

伝えたいことを絞り込むときに使います。まず，ピラミッドの底辺に，もっている情報や意見をできるだけたくさん書きます。そして，その中から重要だと思ったことを中段に書きます。さらに，その中から特に重要だと思ったことを，最上段に書きます。取捨選択と統合によって，対象を構造化するのがねらいです。

5 思考スキルを働かせる
算数授業のつくり方

"思い"だけで学びは連続しない

　単元内自由進度学習を子どもたちが進めていくうえで大切なこととして，子どもたちが問題を解決していくために考える技法である思考スキルを働かせ，必要な場面があれば補助的に思考ツールを選択して活用できるようにしていくことがあります。

　さて，先生方は，日々行われる算数授業の中で，特にどのようなことを意識されているでしょうか。私がたくさんの先生たちと話をしているとよく出てくるのが，以下のようなことです。

○本時でつけたい力は何か。
○子どもが興味・関心をもつのはどんな問題か。
○子どもから問いが生まれるのは，どんな問題や発問か。
○子ども同士が話し合う活動をどこで入れるか。
○どのような振り返りをさせるか。

第2章　無理なく取り組める単元内自由進度学習のデザイン　049

中でも関心の高さを感じるのが，「子どもたちから問い
が生まれるのはどんな問題や発問か」で，「提示された問
題に対して子どもたちが問いをもち，その問いを自分自身
や仲間とともに解決させていきたい」というものです。

単元内自由進度学習においても，この「問題に対して子
どもたちが問いをもつ」というのはとても大切なことだと
考えています。なぜなら，**単元内自由進度学習を展開して
いく中で子どもたちが問いをもつことで，「問題を解決し
たい！」「もっとできるようになりたい！」といった思い
が強くなり，それを原動力として単元を通して学びが連続
していくからです。**
とはいえ，単元内自由進度学習を子どもたちが進めてい
くときに，「問題を解決したい！」「もっとできるようにな
りたい！」といった"思い"だけで学びを連続させること
は困難です。**問題を解決するためにどのように考えていけ
ばよいのかという思考スキルを身につけていかなければな
りません。**
「提示された問題に対して子どもたちが問いをもち，そ
の問いを自分自身や仲間とともに解決させていきたい」と
願いつつも，それがうまくいっていないという悩みをもつ
先生方の授業を見ると，問題や発問よりも，この思考スキ
ルの育成が十分でないことが少なくありません。

実際の授業を見てみると，子どもたちは思考スキルを活

用しながら学んできます。

　例えば，2年「わかりやすく　あらわそう」の中で，2つのグラフから情報を読み取る学習があります。

　この学習では，2つのグラフを見て，みんながしたい遊びは何かをグラフから読み取ることができることが，つけたい力になります。

　多くの授業は，先生から子どもたちに，2つのグラフを見てしたい遊びを考えるように伝え，子どもたちは自分の考えたことを発表する，という展開になっています。

T　みんなでしたい遊びのアンケートを2回とったところ，
　　1回目と2回目の結果は次のようなものになりました。

したい遊びと人数（1回目）

長縄	おにごっこ	フルーツバスケット	ドッジボール	ジャンケン列車
	○			
	○		○	
	○		○	
○	○	○	○	○
○	○	○	○	○
○	○	○	○	○

したい遊びと人数（2回目）

長縄	おにごっこ	フルーツバスケット	ドッジボール	ジャンケン列車
				○
			○	○
		○	○	○
○	○	○	○	○
○	○	○	○	○
○	○	○	○	○

2つのグラフから，みんながしたい遊びは何かを考えましょう。

C　僕はおにごっこだと思います。1回目に一番多かったからです。

C　私はドッジボールだと思います。だって，1回目も2回目も同じ数だし，2回目は一番多いからです。

C　でも，1回目のおにごっこは，2回目のどれと比べても一番多いよ…。

　この授業のように，2つのグラフから情報を読み取る場合，「比較する」という思考スキルを働かせて問題を解決していきます。

　多くの先生は，比較しやすいように，2つのグラフを並べて提示します。しかし，多くの先生たちはこの課題を解決させるために「比較する」という思考スキルを働かせることを意識して，2つのグラフを並べて提示しているでしょうか。もしかしたら，「比較する」という思考スキルを子どもが働かせられるようにしたいというのではなく，無意識に並べて提示してはいないでしょうか。

　このように，**ほとんど無意識のうちに働かせている思考スキルを，先生だけでなく子どもたちも意識していくことで，子ども主体の学習を進める力が身についていきます。**そうすることで，単元内自由進度学習を進めていくうえで重要になる，次のような力も育っていきます。

①批判的思考力

　情報を整理し，論理的に考え，データの正確性や信頼性を判断する力

②問題解決能力

　問題に対して効果的な解決策を見つける力

③創造的思考力

　新しいアイデアや視点を生み出す力

④自己学習力

　自ら学ぶ意欲をもち，進んで知識を深める力

⑤コミュニケーション能力

　自分の考えを整理したり，意見をまとめたりして効果的に伝える力

⑥適応力

　問題を解決しようとしてうまくいかなかったときに，柔軟に対応する力

　このような力をつけるために，この授業で働かせるべき思考スキルは何なのかを意識して授業づくりをしていくことが大切です。

第2章　無理なく取り組める単元内自由進度学習のデザイン　053

思考スキルの育成を柱にした授業のつくり方

　思考スキルを働かせることを柱にした授業づくりを4つのステップで示します。

ステップ①
　本時の授業でつけたい力は何かを書き出す。

ステップ②
　つけたい力をつけるために働かせるべき思考スキルを選択する。

ステップ③
　思考スキルを働かせている子どもの姿を具体的にイメージする。

ステップ④
　ステップ③で具体化した子どもの姿を表出させるための手立て（思考ツールなど）を考える。

　ここでは，実際に行った6年「文字と式」の授業の様子を基にして，詳しく紹介していきます。

ステップ①（つけたい力）

　丸磁石を正方形に並べ，1辺の個数(x個)と全部の個数の関係の表し方について考えるとき，$(x-1)\times 4$や$x\times 4-4$になることを，図と式を関係づけた

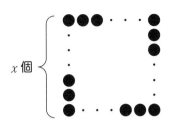

り，式の違いを比較したりして，重なっている部分を省く必要があることを説明することができる。また，見いだした見方を他の正三角形の場面にも活用して，$(x-1)\times\bigcirc$や$x\times\bigcirc-\bigcirc$の式で表すことができる。

ステップ②（働かせる思考スキル）

「関係づける」
(設定の理由）自分の考えを相手に伝えるために，図と式を関係づけながら説明するため。

「比較する」
(設定の理由）$(x-1)\times 4$と$x\times 4-4$の2つの式を比較することで，立式した意味を理解するため。

ステップ③（思考スキルを働かせている子どもの姿）

「関係づける」
・$x\times 4$だと，同じまとまりが4つあって，そうすると角の4つが重なることになるから，重なる部分の4つをひ

きます。
・$x-1$ 個分が4つあるから$(x-1)\times 4$で求められます。

「比較する」
・$(x-1)\times 4$ と $x\times 4-4$ の2つの式を比べてみると，$(x-1)\times 4$ は同じまとまりが4つあるからわかりやすいです。

　ステップ③で思考スキルを働かせている子どもの姿をイメージするときは，上のように，子どもが実際どのように発言するかを考えてみるのがコツです。

ステップ④（手立て）
「関係づける」
・式と図を線で結んで板書する。
・式の説明を図を活用して説明させる。

「比較する」
・子どもたちが考えた式を比較できるように板書する。

　以下は，実際の授業で思考スキルを働かせている子どもたちの様子です。

$(x-1)\times 4$ と $x\times 4-4$ っていう2つの式が出てきたんだけど…

「−4」っていうのは，角の4つの磁石のことで，そこが重なっているから4個ひかないといけないと思います。

$x×4$だと，これが4つあることになるから，重なる部分が出てきます。

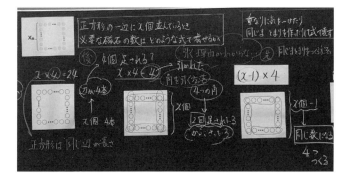

第2章 無理なく取り組める単元内自由進度学習のデザイン 057

この単元では，子どもたちに単元の最初に「『関係づける』という考え方を使って，図と式を関係づけながら説明できるようになりましょう」と伝えた後，単元をスタートさせました。

　このように意識づけしたことで，どの時間も子どもたちは，図と式を関係づけながら考え，説明することができました。

6 単元計画のあり方を見直す

単元計画の立て方

多くの先生は，算数の単元計画を立てるとき，指導書を手がかりにされると思います。指導書や教科書は，その時間につけたい力は何なのかを明確にし，そこでつけた力を次時以降で活用しながら，新しい知識や技能を獲得できるように構成されています。つまり，教科書の指導順に毎時間つけたい力をつけるために，それぞれの時間で子どもたちが思考スキルを働かせる授業を行っていけば，子どもたちに考える力を育成していくことができます。

しかし，単元内自由進度学習を進めていくためには，**単元計画の中に，子どもたちが自ら考え，問題を解決していけるような時間を確保し，その時間の学びは子どもたちに委ねることが必要**です。

このことを，4年「角の大きさの表し方を調べよう」で単元計画を基に考えてみたいと思います。

この単元の目標は，次の通りです。

第2章 無理なく取り組める単元内自由進度学習のデザイン 059

単元の目標
・角の大きさ及び単位と測定の意味について理解し，角の大きさを測定したり角をかいたりできるようにする。 ・数学的表現を適切に活用して角の大きさや図形について考察する力を養い，角を測定した経験を振り返り，そのよさに気づき今後の生活や学習に活用しようとする。

この目標を子どもたちが達成できるように，全9時間で以下の単元計画を立てたとします。

時	目標	学習活動
1	半直線を回転させると，いろいろな大きさの角ができることを理解することができる。	2枚の円を組み合わせていろいろな角をつくり，角の大きさがどのように変わるか調べる。
2	分度器の観察を通して，角の大きさの単位「度（°）」を知り，角の大きさの表し方を理解することができる。	分度器の目盛りの構造を調べ，角度の単位「度（°）」と，1直角＝90°の関係を知る。
3	分度器を用いて角の大きさを測定することができる。	分度器を使った角度の測定の仕方を知り，いろいろな角度を測定する。

4		90°より小さいか，大きいかの見当をつけてから角度を測定する。
5	180°より大きい角度の測定の仕方を，既習の分度器を用いた角度の測定の仕方を基に考え，説明することができる。	180°より大きい角度の工夫した測定の仕方を考え，自分の考えと他者の考えを比較し，共通点や相違点を説明する。
6	分度器を使って角をかいたり，三角形をかいたりすることができる。	分度器を使った角のかき方や三角形のかき方を知る。
7	三角定規を組み合わせてできる角度の求め方を考え，説明することができる。	三角定規を組み合わせた角度を求め，そのときの三角定規の組み合わせ方とできる角度を説明する。
8	単元の学習の活用を通して事象を数理的に捉え論理的に考察し，問題を解決することができる。	坂道分度器をつくり，坂道の角度を測定する。
9		単元のまとめの問題に取り組む。

　例えば，第2時（分度器の観察を通して，角の大きさの単位「度（°）」を知り，角の大きさの表し方を理解することができる）では，子どもたちは角の大きさのことを「角度」ということや「度（°）」と書くことを理解していきま

す。第3，4時では，その分度器の性質を利用して，様々な角度を測っていき，分度器を用いて角の大きさを測定することを定着させていきます。

多くの場合，第2，3，4時のすべての授業で，先生が問題を与え，それを子どもたちが考えていく，という授業が展開されます。

しかし，この第2，3，4時の授業，すべての時間で先生が提示した問題を解いていかないと，つけたい力はつかないのでしょうか。

例えば，第2時で分度器の使い方を理解した子どもたちは，分度器という新しい道具を手に入れた喜びで，「もっと分度器を使ってみたい！」「いろんなものの角度を測ってみたい！」といった思いをもっています。そこで，その思いを大切にして，第3，4時でつけないといけない力を子どもたちが知ったうえで，自分で計画を立てて活動させます。そうすると，子どもの思いを原動力として，子ども主体で学習を進めることができます。

他にも，第7時（三角定規を組み合わせてできる角度の求め方を考え，説明することができる）では，子どもたちが様々な角度をつくるという「めあて」をしっかりともつことで，三角定規を組み合わせながら，様々な角度を見いだしていきます。さらに，三角定規を使って角度をつくっていく中で，「できる角度は15°ずつ増えているぞ」ときまりを見いだす子どもも出てきます。

1組の三角定規でどんな角度ができますか？

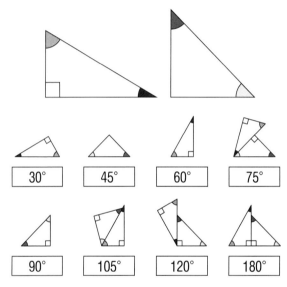

15°ずつ増えているよ！

135°と150°はできないのかな？

一斉学習と自由進度学習を組み合わせる

このように，単元計画を立てる際「**教えるところ＝一斉」「考えさせるところ＝自由進度」というように区別していくことで，子ども主体の学習を明確に位置づけつつ，無理のない単元内自由進度学習を計画することができます。**

さらに，一斉学習と自由進度学習を意識した単元計画を立てていくときに，第5時のように，1単位時間という短い時間の中でも，一斉学習と自由進度学習が組み合わされる場合もあります。授業の前半では先生が与えた問題について考え，その後，子どもたちが解決の方法を選択していくというものです。このような，1単位時間の中での一斉学習と自由進度学習を組み合わせる展開は，これまでも多くの先生が算数授業の中で取り入れられてきているのではないでしょうか。

先に示した単元計画に，改めて，一斉学習と自由進度学習を位置づけると，以下のようになります。

時	目標	学習活動	一斉	自由進度
1	半直線を回転させると，いろいろな大きさの角ができることを理解す	2枚の円を組み合わせていろいろな角をつくり，角の大きさがどのように変わる	○	

	ることができる。	か調べる。		
2	分度器の観察を通して，角の大きさの単位「度（°）」を知り，角の大きさの表し方を理解することができる。	分度器の目盛りの構造を調べ，角度の単位「度（°）」と，1直角＝90°の関係を知る。	○	
3	分度器を用いて角の大きさを測定することができる。	分度器を使った角度の測定の仕方を知り，いろいろな角度を測定する。		○
4		90°より小さいか，大きいかの見当をつけてから角度を測定する。		○
5	180°より大きい角度の測定の仕方を，既習の分度器を用いた角度の測定の仕方を基に考え，	180°より大きい角度の工夫した測定の仕方を考え，自分の考えと他者の考えを比較し，共通点や相違点を説	○	○

	説明することができる。	明する。		
6	分度器を使って角をかいたり，三角形をかいたりすることができる。	分度器を使った角のかき方や三角形のかき方を知る。	○	
7	三角定規を組み合わせてできる角度の求め方を考え，説明することができる。	三角定規を組み合わせた角度を求め，そのときの三角定規の組み合わせ方とできる角度を説明する。	○	○
8	単元の学習の活用を通して事象を数理的に捉え論理的に考察し，問題を解決することができる。	坂道分度器をつくり，坂道の角度を測定する。	○	○
9		単元のまとめの問題に取り組む。		○

7 「教えるところ」と「考えさせるところ」

　単元計画を立てていく中で，一斉学習と自由進度学習をどのような視点で位置づけていけばいいのでしょうか。

　その1つの視点として，「教えるところ」と「考えさせるところ」があります。

　「教えるところ」とは，「cm（センチメートル）」のような単位，「平行四辺形の面積＝底辺×高さ」のような基本的な算数のルールや概念など，子どもたち全員に明確に理解させるべきところです。例えば，四則演算や分数の計算方法，図形の性質や面積の求め方など，基本的な知識や手続きを教えることが含まれます。先生が具体的な手順や公式を説明し，例題を解くなどして，子どもに理解させます。こういった，**学習を進めるうえで必ず知っておかなければならないことについては，一斉学習で指導した方がよい**と考えています。

　一方，「考えさせるところ」では，子どもたちが自分自身で問題に取り組むことや，思考スキルを働かせることを重視します。子どもには，問題に対して自分なりの解法を考えさせたり，複数の解法を比較検討させたり，問題を解決するために必要な情報を見つけることを促したりします。

第2章　無理なく取り組める単元内自由進度学習のデザイン　067

このように，「教えるところ」と「考えさせるところ」を組み合わせることで，子どもたちは基本的な知識を身につけると同時に，子ども主体の学習を通して自分で問題を解決する力を伸ばしていくことができます。

例えば，分数の授業では，「教えるところ」として，分数のたし算やひき算の手順を説明し，具体的な例題を解きます。

そして，「考えさせるところ」として，自分で分数のたし算やひき算の方法を考え，実際の問題に応用してみるように指示します。また，子どもたちには異なる解決方法やアプローチを探すように促し，友だちとの協働的な学びを通して考えを深める機会を提供します。

これから単元内自由進度学習に無理なく取り組んでみたいと思っているなら，まずは単元の中でこの「考えさせるところ」を1つでもよいので決めてみて，子どもたちに委ねるところから始めることをおすすめします。

ここからは，6年の「分数でわる計算を考えよう」の授業から，教師主導で一部を子どもに考えさせていた場合と，「考えさせるところ」として子どもに大きく委ねてみた場合で，実際の子どもたちの様子がどのように違ったかを紹介します。

この授業は，「$\frac{2}{5} \div \frac{3}{4}$ のように，分数でわる計算は，わ

る数の逆数をかける」ということに気づき，理解することができるというのが本時の目標です。

かつて，この授業をするときは，下のように子どもたちが考えてきたものを１つずつ取り上げ，図で説明させ，最後に「わる数の逆数をかける」ということをまとめ，その後は，繰り返し適用問題の練習をさせていました。

$$\frac{2}{5} \div \frac{3}{4} = \left(\frac{2}{5} \times 4\right) \div \left(\frac{3}{4} \times \overset{1}{\cancel{4}}\right)$$

$$= \left(\frac{2}{5} \times 4\right) \div \overset{}{\underset{1}{\cancel{3}}}$$

$$= \frac{2 \times 4}{5} \div 3$$

$$= \frac{\boxed{2} \times \boxed{4}}{\boxed{5} \times \boxed{3}}$$

$$= \boxed{\frac{8}{15}}$$

$$\frac{2}{5} \div \frac{3}{4} = \left(\frac{2}{5} \times \frac{4}{3}\right) \div \left(\overset{1}{\cancel{\frac{3}{4}}} \times \overset{1}{\cancel{\frac{4}{3}}}\right)$$

$$= \left(\frac{2}{5} \times \frac{4}{3}\right) \div 1$$

$$= \frac{2}{5} \times \frac{4}{3}$$

$$= \frac{\boxed{2} \times \boxed{4}}{\boxed{5} \times \boxed{3}}$$

$$= \boxed{\frac{8}{15}}$$

$\frac{3}{4}$ を整数に直す　　　　　　わる数を１にする

ただ，この展開だと，子どもが考える時間や方法，発表する順番などを教師が決めてしまっています。そこで，この分数÷分数の求め方が逆数をかけるということについて，「考えさせるところ」として子どもたちに大きく委ねてみようと考えました。

以下は，その学習の詳細です。

$\frac{3}{4}$ m の重さが $\frac{2}{5}$ kg の棒があります。
この棒の１ m の重さは，何 kg ですか。

T 今日はこの問題を考えてみようと思います。この問題を図で表すとこうなりますね。

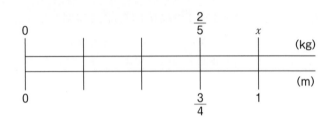

C 図の意味はわかったけど、この x を求めたらいいんだね。
T では、この図から x の値を求めてみましょう。
C この図から求めるの？
C どうやって考えたらいいんだろう…。

　問題を確認し、問題の場面を表す図を全員でかいた後、そこから先の学習の進め方は、すべて子どもたちに委ねました。

　塾などで先行学習を行っており、「逆数をかける」ということ自体は知識として知っていた子どもたちも、図からどうやって考えればよいのかがわからないため、それぞれが試行錯誤を始めました。

　この授業の中で私が学級全体に対してしたことは、図を一緒に確認しながらかいたことだけです。それ以外の時間は、困っている子どもを友だちにつなげたり、今まで習っ

てきた「分数×整数」「分数÷整数」についてどのように計算したのかを確認したりすることに徹しました。

C あっ，できた！ 分数÷整数と分数×整数を使えば求めることができたよ！
C どういうこと？

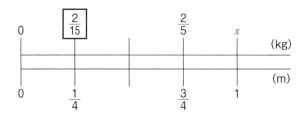

C まず，$\frac{2}{5}÷3$をして，$\frac{1}{4}$mのときの重さを求めるでしょ。そうすると$\frac{1}{4}$mのときの重さが$\frac{2}{15}$kgになるのはわかる？
C うん，それはわかる。
C その後，$\frac{2}{15}$が4つ分あったら1mになるから，$\frac{2}{15}×4=\frac{8}{15}$になって，1mの重さは$\frac{8}{15}$になるよ。
C なるほどね！ でも，どうして逆数をかけると求められるんだろう…？
C この2つの式を1つの式で表すと，$\frac{2}{5}÷3×4$になるでしょ。それを一度に表すと，

$$\frac{2}{5} \div \frac{3}{4} = \frac{2 \times 1 \times 4}{5 \times 3 \times 1}$$

このようになって，これは $\frac{3}{4}$ の逆数の $\frac{4}{3}$ をかけたと
きと同じ形になってるよ！

C　本当だ，逆数になってる！

　ここまでのやりとりに，私は一切関わっていません。す
べて子どもたちが話し合いで協働的に学んでいき，子ども
たちだけでたどり着くことができました。そのときの子ど
もの表情は，とても誇らしげでした。

第3章

単元内自由進度学習の実践例

単元計画のつくり方

単元計画づくりのポイント

　一斉と自由進度を折り混ぜた単元内自由進度学習の単元
計画を作成する際には，以下の７つの項目についてポイン
トがあります。

①学習目標の設定

　各単元ごとに具体的な学習目標を設定します。目標は子
どもたちが達成したい内容や思考スキルに合わせ，明確で
具体的なものにすることが重要です。

②順序の設定

　一斉の段階と自由進度の段階を明確に区別します。一斉
学習ではすべての子どもが共通の内容を学び，基礎を固め
ます。その後，自由進度学習に移行し，子ども一人ひとり
の進度に合わせて個別的に学習を進め，子どもの必要感に
応じて協働的な学びも行います。

③計画の詳細化

　各学習段階ごとに具体的な内容や期限を設定します。一斉学習では，教材や活動の選定やグループ活動の計画を立てます。自由進度学習では，子どもが学んでいくために必要な教材や演習問題の範囲，復習の時間などを具体的に計画します。

④柔軟性の確保

　子どもの理解度や進捗状況に応じて，計画を柔軟に変更できるようにします。一斉学習の段階では，子どもの理解度に合わせた補習や個別のサポートを行います。自由進度学習では，進捗が遅れている子どもに今後の見通しをもてるように声をかける，今困っていることを解決するために必要な情報を与える，などのサポートをします。

⑤一斉学習の段階

　一斉学習では，すべての子どもが共通の基礎知識やスキルを習得するために，教材や活動を選定します。必要な知識を友だちと問題を解決していく中で見いださせたり，教師が解説したりしながら学びます。グループ活動やディスカッションを取り入れることで，子ども同士のコミュニケーションや協力を促します。

⑥自由進度学習の段階

　自由進度学習では，子どもは個別の進度に合わせて学習

第3章　単元内自由進度学習の実践例　075

を進めます。教師は子ども一人ひとりの進捗状況を把握し，適切な教材や練習問題を提供します。子どもは自分のペースで学習し，理解が深まるまで復習や練習を行います。個別学習以外は認めないということではなく，教師に相談したり，友だちと協働的に学んだりするよう促すことも重要です。

⑦評価と振り返り

　学習の評価と振り返りは，子どもの学習成果を確認し，課題や新たな目標を見つけるために重要です。定期的なアセスメントやテストを行い，子どもの理解度や進捗状況を把握します。

　以上のポイントを押さえて，一斉と自由進度を適切に織り交ぜた単元計画を作成することで，子どもたち一人ひとりの学習効果やモチベーションが向上すると考えます。

　特に，単元内自由進度学習においては，日々の授業における子どものモチベーションの維持は非常に重要です。興味を引く教材や活動はもちろんですが，**子どもたちから生まれた問いなどをうまく取り入れることで，学習の楽しさや意義，必要性などを実感させたい**ところです。

　また，学び方を子ども自身が選べるようにするということも非常に重要です。これまでの算数授業では，「この時間は自力解決」「この時間はペア学習」「この時間はグルー

プ学習」というように，教師が学び方を決め，子どもに指示するということが当たり前のように行われてきました。また，「もう少し時間がほしい人？」と教師が尋ね，子どもたちの様子を見て，「じゃあ，あと3分あげますね」といった場面もよく見られます。

　このような授業の中には，子どもたちが自分の意思で学び方を決める場面はありません。⑥でも述べた通り，自由進度学習の時間においても，**1人で学ぶ個別学習以外は認めないというのではなく，子ども自身の意思で，必要に応じて教師に相談したり，友だちと協働的に学んだり（自然な形でのペア，グループ学習）できるようにする必要があります。**

1年の実践例
「形あそびをしよう」

1 単元の目標

身の回りにあるものの形について，基本的な立体図形の特徴や機能を捉えたり，構成や分解を考えたりする力と，それらを日常生活に活用しようとする態度を養うことができる。

目標を達成した子どもたちの姿

○身の回りにあるものの形を仲間分けすることができる。
○いろいろな箱の形を生かして，様々なものをつくることができる。
○身の回りにあるものを仲間分けしたり，くっつけたりして，気づいたことややってみたいことを伝えたり，挑戦したりすることができる。

2 単元計画

	目標	学習活動	一斉	自由進度
1	立体図形に親しみ，箱などの身の回りの具体物の概形や特徴，機能を捉えることができる。	空き箱や空き缶を積んだり重ねたりして自分のつくりたい形をつくる。	○	
2		いろいろな形のものを積んだり転がしたりして，立体図形の機能や特徴を調べる。		○
3	箱などの身の回りの具体物からその属性を捨象して形を捉え，立体図形の特徴をまとめることができる。	前時の活動を通してわかった形の特徴や機能を基に，立体図形を分類したり，形あてをしたりする。	○	○
4	立体図形を構成する面の形に着目して，平面図形を見いだし，説明することができる。	前時の振り返りを基に，箱の面を生かした活動に取り組む。	○	○

第3章　単元内自由進度学習の実践例　079

3 学習の実際①（第3時）

思考スキルを活用して考える子どもの姿と手だて

	焦点化する	分類する
子どもの姿	それぞれの面の形に意識をして，仲間分けを行う。	「転がるもの」と「転がらないもの」のように，それぞれの性質に応じて分けようとする。
手だて	様々な箱の中に，球を用意する。	「分ける」という活動を行う。

①子どもの問いやつぶやきからめあてをつくる【一斉】

前時に，子どもたちは自分たちが持って来た箱や缶など
を使って，いろいろなものをつくっています。箱や缶を並
べたり，積んだりしてできたものをタブレットで撮影し，
撮り終えると崩して，また違う形をつくって楽しんでいま
した。

そこで本時は，崩してバラバラに置いてある箱や缶の写
真を見せます。

T　昨日みんなが用意した箱や缶がぐちゃぐちゃに置かれ
　　ていたから，2つの入れ物を用意しました。
C　どうやって2つの入れ物に分けるといいのかな？
C　四角いものと丸いもので分けて入れると，形あそびを

080

するときに材料が見つかりやすいよ。

C　昨日バラバラだったから，ほしい形を見つけるのが大変だったんだよね。

T　もう一度形をつくるときに，ほしいものを見つけるのが簡単な分け方があるのですか？

　子どもたちの「分けて入れる」「四角いものと丸いもの」「見つかりやすい」「大変」といったつぶやきを基に，めあてを次のように設定していきます。

　ほしいものを見つけやすくするための分け方について説明しよう。

---

②グループで自由に分け方を検討する【自由進度】

　ここからは，グループに分かれて自由に分け方を検討する時間とします。

　自由進度学習といっても，１年生では自力のみで学習を進められる子どもは多くないので，グループの力を活用して学習を進めていきます。教師は，グループごとの学びの進め方を認めつつ，ポイントを絞った言葉かけを通して，他グループの学び方にも目を向けさせるように関わっていきます。

C　僕は動くおもちゃがつくりたいから，転がるものと転

がらないものに分けてみたいな。
C いいアイデアだね。
C じゃあ転がりそうな丸と，転がらなそうな四角で分けてみよう。
C これでいいかな？
C でも，ジュースやポテトチップスとボールだと，同じ丸だけど，少し違うよね。
C どうしようか…？

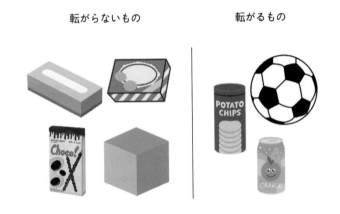

転がらないもの　　　　　転がるもの

C 丸い形は全部転がるから，ボールと同じ箱に分けるってことでいいと思う！

T このグループは転がるものと転がらないものに分けたんだね。<u>隣のグループとは違う分け方をしているね。</u>

自由進度学習での教師の関わり方のポイント

グループで自由に学習を進める時間なので,「隣のグループを見に行きましょう」と指示するのではなく,「隣のグループとは違う分け方をしているね」のように,子どもたちから「どんな分け方をしているんだろう」と興味をもつような言葉かけをします。

C 私たちのグループは,大きな建物をつくりたいから,高く積めるものと積めないもので分けたよ!

積むことが   積むことが
できるもの   できないもの

C なるほど〜。
C ジュースやポテトチップスは,横に倒すと積むことができないから,他の分け方もできそうだね。

4 学習の実際② (第4時)

思考スキルを活用して考える子どもの姿と手だて

	推論する	見通す
子どもの姿	面の形に着目しながら，箱の形を捉えようとする。	自分の表したいことをどのように伝えたらよいのか考える。
手だて	箱の面を写し取って絵をかくための画用紙を用意する。箱当てクイズをするためにダンボールを用意する。	自分のめあてを立てさせる。1人で行っても，ペアやグループで行ってもよいことを伝える。

①子どものつぶやきからめあてをつくる【一斉】

　前時に子どもたちは，箱や缶を2つの仲間に分ける活動を行う中で，面の形を意識しました。また，前時の振り返りの記述を見ると，子どもたちは「平らなところ」である面に興味をもち，「この面を使って何かしたい」という思いを強くもっていました。

　そこで本時は，その子どもたちの「やってみたいこと」を出し合うことからスタートしていきます。

T　昨日，ぐちゃぐちゃに置かれた箱や缶を２つに分けましたね。みんな，いろんな分け方をしていましたね。

C　僕たちは，積むことができるものと積むことができないものに分けました。

C　私たちは，転がるものと転がらないものに分けました。

C　丸い形のときは転がるんだよ。

C　そうそう，でも丸い形でも，平らなところがあると積むことができるんだよ。

T　平らなところにはいろんな形がありましたね。昨日の振り返りで，この平らなところを使ってやってみたいことを書きましたね。どんなことを書きましたか？

C　私は，箱の平らなところを使って，絵をかいてみたいです。

C　私は，ダンボールの中に箱を入れて，箱当てクイズをつくってみたいです。

　子どもたちの「やってみたい」「平らなところ」というつぶやきを基に，めあてを次のように設定していきます。

> 　平らなところを使って，やりたいことをやってみよう。

②グループになって自由に活動する【自由進度】

　ここからはやりたいことが同じ子どもが集まってグルー

第３章　単元内自由進度学習の実践例　085

プをつくり，自由に検討する時間とします。

絵を描くグループ

C　僕は箱の平らなところを使って絵をかいてみようかな。
C　私もそうしようと思ったんだ。完成したら見せてね。
（それぞれが絵をかく）

C　ロボットができたよ！
　　目は丸い形の箱を使ったんだ！
　　腕と足は細長い四角の箱を使ったんだ！
C　すごい！　私の絵も見て！

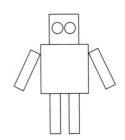

箱の形クイズをつくるグループ

C　私は，ダンボールの中に箱を入れて，4つの形のどれに近いかを当てるクイズをつくって，みんなに楽しんでもらいたいと思っているんだよね。

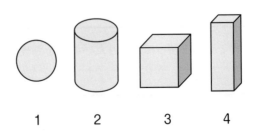

C　おもしろそう！　僕も一緒につくってもいい？

C　もちろん！　みんなが悩みそうな箱を探したいよね。
（ペアで活動する）

C　よし，できたぞ！　1回やってみよっか。
C　この箱の形は，4つの形のどれに近いでしょうか？
C　細長くて，丸い形をしているから，2かな。
C　正解！　じゃあ，これは？

自由進度学習での教師の関わり方のポイント
　前時の振り返りから，子どもたちのやってみたいことを把握し，必要な材料や活動できる場所を確認しておきます。

　前時の振り返りから，子どもたちのやってみたいことを把握しておき，それが行えるように，材料をそろえておく必要があります。また，ただ単にしたいことをさせるだけでなく，それぞれが行っていることを友だちに説明したり，体験してもらったりする時間を確保することで，立体の構成要素の理解をより深めさせていくことができます。

第3章　単元内自由進度学習の実践例　087

2年の実践例
「三角や四角の形を調べよう」

1　単元の目標

　平面図形に進んで関わり，図形についての感覚を豊かにし，三角形，四角形などの構成要素に着目して捉える力を養うとともに，それらを今後の生活や学習に活用しようとする態度を養うことができる。

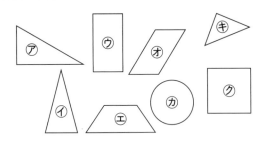

目標を達成した子どもたちの姿

○三角形と四角形をかくことができる。
○三角形や四角形の辺や頂点の数について説明することができる。
○身の回りにあるものの中にある三角形や四角形を見つけることができる。

2 単元計画

	目標	学習活動	一斉	自由進度
1	辺や頂点の数に着目して図形を分類する活動を通して,	辺や頂点の数に着目して, パズルの各ピースを仲間分けする。	○	○
2	三角形, 四角形の意味や性質を理解することができる。	「三角形」「四角形」の意味や性質を理解する。 用語「辺」「頂点」を知る。	○	○
3	図形を弁別する活動などを通して, 三角形, 四角形についての理解を確実にする。	三角形, 四角形を弁別する。 ドットを直線で結んで, 三角形や四角形などの基本図形を構成する。	○	○
4	直角の意味を知り, 身の回りから直角を見つけることができる。	紙を折って直角をつくる。 操作を通して, 平角を2等分した形を「直角」ということを知る。	○	○

第3章 単元内自由進度学習の実践例 089

		身の回りから直角を探す。		
5	長方形を構成要素に着目して見ることを通して，長方形の意味や性質を理解することができる。	不定形の紙を折って長方形をつくる。すべての角が直角であることを確かめる。長方形の意味や性質をまとめる。長方形を弁別する。	○	○
6	正方形を構成要素に着目して見ることを通して，正方形の意味や性質を理解することができる。	長方形の紙を折ってはみだした部分を切り取って正方形をつくる。すべての角が直角で，すべての辺の長さが等しいことを確かめる。正方形の意味や性質をまとめる。正方形を弁別する。	○	○
7	長方形，正方形を対角線で分割してできた三角形を，構成要素に着目して見ることを通し	長方形，正方形を対角線で分割してできた形について考える。直角三角形の意味や性質をまとめる。	○	○

090

				○
	て，直角三角形の意味や性質を理解する。			
8	立体図形を構成する面の形に着目して，平面図形を見いだし，説明することができる。	どの箱の，どの面を写し取ったものかを話し合い，その形を生かした絵をかき，発表し合う。		○
9・10	単元の学習の活用を通して事象を数理的に捉えて論理的に考察し，問題を解決することができる。	身の回りから長方形や正方形の形をしたものを探す。合同な長方形や正方形，直角三角形などを使って敷き詰め模様をつくる。		○
		「たしかめよう」に取り組む。		○

3 学習の実際①（第2時）

思考スキルを活用して考える子どもの姿と手だて

	多面的にみる	比較する
子どもの姿	形を構成している辺や頂点の数に着目して，仲間分けをする。	三角形と四角形ではない形について，どこが違うのかを比較して考える。
手だて	三角形と四角形の他に円を入れて仲間分けをさせる。	辺が途切れていたり，曲がっていたりする形を提示する。

①子どもの問いやつぶやきからめあてをつくる【一斉】

子どもたちに，三角形，四角形，円の3種類がかかれた掲示物を見せ，

「この中で，仲間がいない形があるんだけど…」

とつぶやきます。

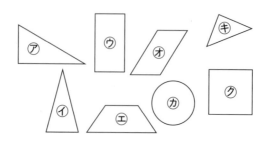

092

すると，子どもたちから，
「円だけ仲間がいない！」
「他の形には仲間がいるよ！」
と，この中に円の仲間がいない理由を形を構成する辺に着目して指摘する声が上がります。

T　ここにいろいろな形を用意しました。この中で，仲間がいない形があるんだけど…。

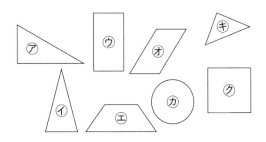

C　㋕は絶対に違うよ！
C　そうだね。だって，㋕だけ丸いからね。
C　他の形は，線がまっすぐだから，㋕だけ違うと思います。
T　そうなんだね。ということは，残りはすべて同じ仲間なんですね。
C　仲間はいるんだけど，すべて同じ仲間ではないと思うなぁ…。
C　㋕以外のものも仲間分けができるのかなぁ…？

このような子どもたちのつぶやきや問いを基にして，めあてを次のように設定します。

> ㋕以外の形を仲間分けして，どのように分けたか説明しよう。

②個人で自由に分け方を検討する【自由進度】
　ここからは個人で考え，必要に応じて友だちと対話しながら自由に分け方を検討する時間とします。

C　僕はまっすぐな線が3本と4本の形で分けてみたよ！
C　私も同じ！　㋐㋑㋖はまっすぐな線が3本でできた形だからね。

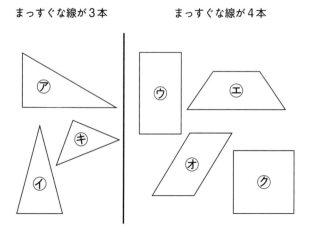

まっすぐな線が3本　　　　まっすぐな線が4本

C 僕も同じように分けたけど，まっすぐな線の数で分け
たんじゃないんだよね。

C どういうこと？

C 角が3つと4つで分けたんだよね。

C 本当だ！ 確かに，角の数も3つと4つで分かれてい
るね。

C まっすぐな線も角も3つと4つに分かれてる！

T みんなは，まっすぐな線と角の数に注目して分けてた
んだね！ 他の友だちはどうやって分けたのかな？

自由進度学習での教師の関わり方のポイント

　個人で考えるときは，タブレット（情報端末）上で
図形を操作させます。このようにすると，友だちと分
け方について話をする際も，理解しやすくなります。
また，クラウド上で共有の設定にしておくと，「他の
友だちはどうやって分けたのかな？」と教師がつぶや
くことで，気になる分け方をタブレット上で確かめ，
分け方の理由を聞きに行く子どもの姿も見られます。

C ○○さんは，こんなふうに（次ページ）分けたんだ。
これはどうやって分けたのかな？ ○○さんに聴きに
行ってこよう！

第3章 単元内自由進度学習の実践例 095

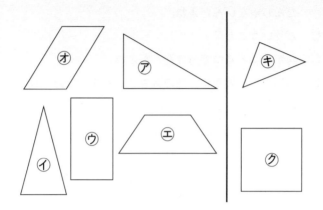

C ○○さんはどうしてこんなふうに分けたの？
C 私は細長いのとそうじゃないので分けてみたんだよ。
C なるほどね！　確かにそういう分け方もあるね。僕はまっすぐな線が3本と4本で分けたよ！
C 本当だ，気づかなかった！　そういう分け方もあるんだね。

　自由進度学習のよさとして，つけたい力をつけるために，子どもたち自身が様々なアプローチをしていく姿が見られるということがあります。ただし，友だちがどのように考えているのかということを知る時間も非常に大切です。教師は，子どもたちが友だちの考えにいつでもアクセスできる環境を整えることで，子ども主体の学びをサポートしていきます。

4 学習の実際②（第3時）

転がらないもの転がるもの

	応用する	多面的にみる
子どもの姿	三角形や四角形を辺や頂点の数に気をつけてかく。	角や頂点に気をつけながら，三角形や四角形について判断する。
手だて	ドットを用意して，自由に三角形や四角形をかかせる。	辺が曲がっているものや離れているものを提示して，それらが三角形や四角形ではないことを説明させる。

①子どものつぶやきからめあてをつくる【一斉】

　前時に，三角形と四角形について学習した子どもたちは，「細長い三角形をかいてみたい」「大きい四角形をかいてみたい」と，もっとたくさんの三角形や四角形をかきたいという思いを振り返りに書いていました。

　そこで本時は，三角形や四角形をたくさんかいて，その中でお気に入りの形ができたら紹介しよう，というところからスタートします。

第3章 単元内自由進度学習の実践例 097

T　昨日，三角形と四角形について学習しましたね。昨日仲間分けした三角形や四角形の他にも，三角形や四角形はあるのかな？

C　もっとあるよ！

C　無限にあるよ。

C　大きいものも細長いものもいっぱいある！

C　先生，ノートにかいてみてもいい？

T　では，今からノートに三角形や四角形をたくさんかいて，お気に入りの三角形や四角形ができたら，タブレットで写真を撮って共有フォルダに保存しましょう。

　子どもたちの「もっとある」「無限にある」「いっぱいある」といったつぶやきを基に，本時のめあてを次のように設定します。

> 　たくさんある三角形や四角形の中から，お気に入りの三角形や四角形をかこう。

②お気に入りの三角形や四角形を作成する【自由進度】

　ここからは，個人でお気に入りの三角形や四角形を作成する時間を十分に取ります。

C　細長い三角形ができたよ！

C　私は細長い四角形ができたよ。

C　ノートいっぱいの四角形ができた！

> **自由進度学習での教師の関わり方のポイント**
> 子どもたちに自由に三角形や四角形をかかせると，途中で線が曲がっているものや，辺と辺が離れてしまっているものが必ず見られます。しかし，子どもたちはかくことに夢中になり，大切にしないといけない構成要素を蔑ろにしてしまいます。そこで，「先生もお気に入りの三角形ができたんだけど，見てもらってもいいかな？」と伝え，あえて下のような図形を提示し，改めて大切な構成要素に着目させるようにします。

T　先生もお気に入りの三角形ができたんだけど，見てもらってもいいかな？　こんな形なんだけど…

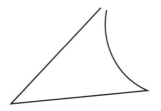

C　なんだか変な感じ…。
C　これって，まっすぐな線じゃないところがあるから，三角形じゃないんじゃないかな…？
C　右上のところは，辺と辺が離れてしまっているね。
C　やっぱりこれは三角形じゃないよ！

自由進度学習を行っていく中で注意するべきことの1つ
として，子どもたちが間違えたことに気がつかないまま活
動を進めてしまうことが起こりがち，ということがありま
す。個別学習を進めていると，教師も見逃してしまうこと
が少なくありません。しかしこれでは，子どもたちが楽し
く活動していても，本来つけないといけない力は当然つき
ません。

　そこで大切になるのが，子どもたちが本時でつまずくで
あろう場面を事前にしっかり予想しておくということです。
また，先回りしてあらかじめつまずきを防ぐのではなく，
ある程度学習が進み，つまずきが顕在化してきたタイミン
グで，教師があえて間違いに気づかないふりをして例示を
するなどして気づきを促します。こうすることによって，
子どもたちは注意するべきことをより確かに意識できるよ
うになります。

3年の実践例
「長い長さをはかって表そう」

1 単元の目標

　量の単位や測定について理解し適切に単位を用いて長さを表したり，およその見当をつけ計器を適切に選択して測定したりすることができるようにするとともに，数学的表現を適切に活用して既習の単位を含めた単位の関係を統合的に考える力や，身の回りのものの長さを測定した過程を振り返り，今後の生活や学習に活用しようとする態度を養うことができる。

目標を達成した子どもたちの姿

> ○長さ（キロメートル）について理解することができる。
> ○身の回りの長さを適切な道具を使って測ることができる。
> ○およその見当をつけて長さを測定することができる。

2 単元計画

	目標	学習活動	一斉	自由進度
1	長いものや丸いものの長さを測定するには，巻き尺が適していることやその使い方を理解し，測定することができる。	教室の長さを測定するにはどうすればよいかを考えるなかで，長いものの長さを測定するには，巻き尺が適していることを知り，巻き尺の目盛りの読み方を知る。	○	
2・3		長さの見当をつけてからいろいろなものの長さを巻き尺で測定したり，測定対象に応じた計器を選択したりする。	○	○
4	距離と道のりの意味を知り，長さを表す単位「キロメートル（km）」について理解する。	「距離」と「道のり」の意味を知り，地図を見て距離や道のりを調べる。長い道のりなどを表す単位「キロメート	○	○

102

		ル（km）」を知る。		
5 ・ 6 ・ 7	単元の学習の活用を通して事象を数理的に捉えて論理的に考察し，問題を解決する。	①10mの距離を予想し，巻き尺を用いて確認する。 ②1kmを歩いてかかった時間や歩数を調べ，その長さを体感する。	○	○

3　学習の実際①（第2時）

思考スキルを活用して考える子どもの姿と手だて

	推論する	広げてみる
子どもの姿	長さを測るときの道具を巻き尺とものさしのどちらが適しているか考える。	身の回りのものの長さを測る。
手だて	巻き尺とものさしを用意する。	活動の範囲を教室外に広げてもよいことにする。

①子どものつぶやきからめあてをつくる【一斉】

　前時に子どもたちは，巻き尺という新しいアイテムを使

第3章　単元内自由進度学習の実践例　103

うことで，今まで測れなかったものを測ることができるようになりました。そのため，子どもたちは「早く巻き尺を使って，いろんなものを測ってみたい！」「あれはどのくらいの長さなのか確かめてみたい！」という気持ちでいっぱいになっています。

そこで本時は，教室の縦と横の長さはどれくらいなのかということから授業を展開していきます。

T　この教室の縦の長さって，どのくらいの長さだと思いますか？
C　5mぐらい？
C　もっとあるでしょ！
C　7m50cmぐらいかな。
C　先生，巻き尺を使えば長さがわかるよ！
C　巻き尺を使えば，簡単に長いものの長さが測れるからね。
C　そのとおり！　いろんな場所が測れるね。
T　なるほど，巻き尺を使えば，長いものの長さが測れるから，これを使えばいいんだね。今日は，この巻き尺を使って，いろんなものの長さを測ってみましょう。

子どもたちの「長いものの長さ」「簡単」「いろんな場所」というつぶやきを基に，めあてを次ページのように設定します。

104

> 巻き尺を使って，いろんな場所の長いものの長さを測ろう。

②グループに分かれて自由に長さを測る【自由進度】

ここからはグループに分かれ，自由にいろんな場所の長さを測る時間とします。

C 黒板の長さを測ってみたいな。
C 黒板の長さは，3m60cm もあるんだ！ もっと長いところないかな？
C 机の横の長さとか，ロッカーの横の長さも測ってみよう！
C クラスの下駄箱は横にも縦にも長いよね？
C 巻き尺があると長いところが測れるね！

 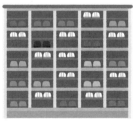

T たくさん測ることができたね！ 巻き尺があればいろんな場所の長いものの長さを測ることができますね。

第3章 単元内自由進度学習の実践例 105

C 水筒の長さは，23cm だったよ！

T 23cm だったら，巻き尺ではなく，ものさしでもいいんじゃないですか？

C 高さじゃなくて，まわりの長さ！　まわりの長さは丸まってるからものさしじゃ測れないでしょ？

T 確かに，それは測れないね。よく気づいたね！

自由進度学習での教師の関わり方のポイント

　グループで自由に学習を進める中で，子どもたちは自分たちで見つけたことを教師に伝えてきます。このとき，子どもたちの見つけたことに驚いて見せたり，称賛の言葉かけをしたりすることで，まわりの子どもたちも興味をもち，そのグループのところに話を聞きに行こうとします。

　本時は巻き尺を使う活動のため，１人では行うことができません。そのため，はじめからグループで行いました。この授業の中で，子どもたちの多くが長いものの長さを測ることだけを意識して活動をしていました。しかし，巻き尺のよさには，長いものだけでなく，曲がっているものの長さを測ることができるということもあります。そこで，上のように，そのポイントに気づいた子どもを称賛する言葉かけを通して，他グループに巻き尺の便利さに目を向けさせるようにします。

4　学習の実際②（第4時）

思考スキルを活用して考える子どもの姿と手だて

	広げてみる	応用する
子どもの姿	教室以外の場所に行って，様々なものの長さを測ろうとする。	長いものだけでなく，曲がったものの長さを測ろうとする。
手だて	教室以外のものも測りに行ってもいいようにする。	曲がっているものの長さを測っているグループを称賛する。

①子どもの願いからめあてをつくる【一斉】

　前時に子どもたちは，巻き尺を使って長いものの長さを測る活動の中で，曲がっているものの長さも測ることができるということを見いだしました。そのため，子どもたちは，振り返りの中で「もっと長いものを測ってみたい」「太い木の大きさを測ってみたい」と，測ってみたいものをたくさん書いてきました。

　そこで本時は，その子どもたちの「測ってみたいもの」を出し合うことからスタートしていきます。

T　昨日，長いものだけじゃなくて，曲がっているものの長さを測るときも巻き尺を使うといい，ということを

第3章　単元内自由進度学習の実践例　107

見つけたグループがありましたね。

C　曲がっているものも測れるのは気づきませんでした。

C　もっと巻き尺を使っていろんなものを測ってみたいな。

C　運動場に行って，木の太さを測ってみたい。

C　僕は，運動場の縦の長さを測ってみたいな。

C　この教室から，職員室までの長さを測ってみたいな。

T　みんなもっといろんなところを測ってみたいんですね。

　子どもたちの「やってみたいこと」「測ってみたい場所」を板書し，めあてを次のように設定していきます。

　巻き尺を使いこなして，いろいろなものや場所の長さを測ろう。

　今回は，「○個以上」とし，○の中の数を子どもたちに決めさせます。そうすることで，子どもたちは自分で決めた数を超えようと，進んで長さを測る活動に取り組んでいきます。

②活動する場所ごとに分かれて自由に測る活動を行う 【自由進度】

　ここからは，活動する場所ごとに分かれて，自分たちで活動を計画して取り組んでいきます。

運動場で長さを測る

C あの一番大きい木の太さを調べてこようかな。
C いいね。じゃあ，他の木も全部調べて，どの木が一番太いか調べてみようよ。

C 一番太い木って，こんなに長かったんだ！
C 次はどこを測りに行こうか？
C 運動場の端から端まで，何mか測ってみたいな。
C それおもしろそう！
C でも，巻き尺だけで足りるかな？ 足りなかったときはどうしたらいいかな？
C 50mまで測って，そこからもう一度測ってたし算したらいいんじゃないかな。
C なるほど，たし算か！

校舎内で長さを測る

C 教室から職員室までの長さを測ってみたいな。
C おもしろそう！ やってみようよ。
C でも，職員室までだと，廊下が曲がっているからどうしたらいいかな？
C 確かに，何回も曲がり角が出てくるよね…。
C とりあえずここから曲がり角まで測ってみて，曲がり

　角から次の曲がり角までもう一度測って，たし算したらどうかな？
C　それを繰り返していけばいいのか！
C　たし算するのはいい方法だね。

C　あ〜，もう時間だ。もっといろいろなところの長さを測ってみたかったな。
C　長いものはもっとたくさんありそうだよね。

自由進度学習での教師の関わり方のポイント
　巻き尺のような新しい道具が出てきたときには，授業の中だけでなく，休み時間にも使えるように，教室に置いておくことが有効です。授業の中での活動時間は限られているので，子どもが学びたいときに学べるような環境を整えることも，自由進度学習における教師の関わり方の重要なポイントの1つです。教室外で使うときのルールはあらかじめ共有しておきます。

活動の場所を，教室から運動場や校舎内に広げると，巻き尺だけでは足りなくて困る場面が必ず出てきます。このとき，子どもたちからは2年生で学習した長さの計算の知識を使って，「1つの巻き尺では足りなかった場合はたせばいい」というすばらしい気づきが出てきます。

　このように，自由に活動している中でも，子どもたちはとてもすばらしい気づきをつぶやきながら活動を行っています。教師は，こういった気づきを次時以降の授業で生かすことが重要です。

第3章　単元内自由進度学習の実践例　111

4年の実践例
「箱の形の特徴を調べよう」

1 単元の目標

直方体や立方体における直線や平面の関係について理解し説明できるようにするとともに，数学的表現を適切に活用して立体図形の特徴や性質について考える力を養い，立体図形を構成する要素や位置関係に着目し考察したことを振り返り，そのよさに気づいて今後の生活や学習に活用しようとする態度を養うことができる。

目標を達成した子どもたちの姿

> ○直方体や立方体の展開図や見取図をかいたり，位置を表したりすることができる。
> ○直線や平面の垂直や平行の関係を使って説明することができる。
> ○立体を自分で設計し，様々な立体をつくることができる。

2 単元計画

	目標	学習活動	一斉	自由進度
1	身の回りの箱の形に関心をもち，既習の平面図形を基に直方体や立方体，立体の意味を理解する。	身の回りのいろいろな箱を面の形に着目しながら仲間分けし，箱の形の特徴を調べることを通して「直方体」「立方体」「立体」などの意味を知る。	○	
2・3・4	直方体や立方体の特徴，性質を理解し，直方体，立方体の展開図をかき，直方体や立方体の特徴を説明することができる。	直方体や立方体の面，辺，頂点についての特徴，性質を調べたり，展開図をかいたり，直方体や立方体を組み立てたりする。	○	○
5・6・7	直方体の面と面の垂直，平行の関係を理解し，見取り図をかくことができる。	直方体の面と面，辺と辺，面と辺の交わり方，並び方を調べたり，直方体や立方体の見取り図をかい		○

第3章　単元内自由進度学習の実践例　113

		たりする。		
8 ・ 9	平面上や空間にある点の位置の表し方について理解する。	平面上の点の位置の表し方を考え，まとめることや，平面上の点の表し方を基に，空間にある点の位置の表し方を考えることを行う。	○	

3　学習の実際① (第2・3・4時)

思考スキルを活用して考える子どもの姿と手だて

	具体化する	多面的にみる
子どもの姿	辺の長さや位置関係に着目して，自分のつくりたい形の直方体や立方体をつくる。	直方体や立方体を面や辺に着目して，理解する。
手だて	直方体や立方体をつくるのに必要な道具を用意する。	直方体や立方体の具体物などを用意する。

　前時に，子どもたちは自分たちが持って来た箱を形の特徴に注目して仲間分けをする活動を行いました。その中で，「長方形だけで囲まれた形や，長方形や正方形で囲まれた

114

形を直方体，正方形だけで囲まれた形を立方体という」こ
とを学習してきました。この学習を通して，子どもたちは
「自分で箱をつくってみたい」という思いをもちました。

　そこで，これから3時間を使って箱をつくることができ
るようになるために，まず子どもたちに自分で3時間の学
習計画を立てさせました。

T　昨日は，直方体と立方体について学習しましたね。

C　はい。直方体が長方形だけで囲まれた形や，長方形や
　正方形で囲まれた形で，立方体が正方形だけで囲まれ
　た形です。

T　そうでしたね。昨日の授業の振り返りの中に，「直方
　体をつくってみたい」と書いている人がいました。

C　僕もつくってみたい！

C　私もつくってみたいけど，どうやってつくればいい
　の？

T　では，今日から算数の3時間を使って，自分のつくり
　たい箱がつくれるようになりましょう。

　ここでは，上のような子どもたちの願いや問いを基に，
第2・3・4時を通しためあてを設定します。

> 自分でつくりたい箱の形を設計し，つくってみよう。

　そして，このめあてを基に子どもたちは，それぞれの時

第3章　単元内自由進度学習の実践例　115

間で行う活動内容を自分自身で計画し，実際に活動してい
きます。

4 学習の実際② (第2・3・4時)

たろうさんの学習計画

日にち	学習内容	教科書
2月20日	直方体や立方体についてくわしく調べる。	p103〜105
2月21日	自分でつくりたい箱の設計図をかき，箱をつくる。	
2月22日	ノートにまとめる。	

2月20日 (第2時)

C 直方体と立方体のことについて，表に整理して考えて
みようかな。

T 表に整理してみるのはわかりやすくていいですね。実
際の箱を使って考えてみるといいですよ。

C 教科書に面と辺と頂点の数の表があるから，それを完
成させてみようかな。

	面の数	辺の数	頂点の数
直方体	6	12	8
立方体	6	12	8

面や辺，頂点の数は直方体も立方体も同じなんだ。他にも直方体と立方体のことで何かあるかな？ 同じことをしている友だちに聞きに行ってみよう。

2月21日（第3時）

C 昨日，直方体と立方体の面や辺のことを調べたから，今日は直方体と立方体の展開図をかいて，箱をつくってみよう。

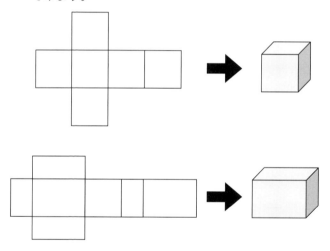

C できた！ 展開図をつくるときは，くっつく辺の長さに気をつけないといけないんだ。

2月22日（第4時）

C 今日は，立方体や直方体をつくってわかったことをノートにまとめよう。

5 学習の実際③ (第2・3・4時)

あつしさんの学習計画

日にち	学習内容	教科書
2月20日	直方体や立方体をくわしく調べ，展開図をかく。	p103～105
2月21日	箱の展開図をかいて，箱をつくる。	
2月22日	1つの直方体の展開図が何種類あるか調べる。	

2月20日 (第2時)

C 教科書を読んで，プリントをして，その後箱を使って確かめてみようかな。

C 教科書に，面や辺，頂点の数は同じって書いてあったけど，数えてみると本当に一緒だ！

C 直方体と立方体の展開図をかいてみようかな。

2月21日 (第3時)

C 昨日かいた展開図がちゃんと箱になるか，つくってみよう。

C ちゃんと，箱をつくることができた！
（あれっ，昨日隣のなおさんと相談して，同じ直方体の展開図をかいたはずなのに，僕のとなおさんで全然展開図が違うぞ…）

118

なおさん,どんな展開図をかいたか見せて!

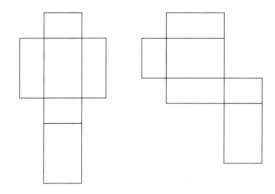

C 展開図っておもしろいね! 展開図の形は違っても,同じ形の箱ができるんだ。直方体の展開図って全部で何種類あるのか次の時間に調べてみよう。

2月22日(第4時)

C 直方体の展開図が何種類あるのか考えてみるぞ!

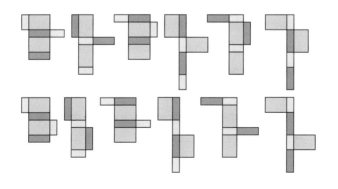

C 思っていたよりもたくさんあるな…。全部で何種類あるんだろう。

C インターネットで調べてみたら，54種類もあるってかいってあった。そんなにあるんだ！

6 学習の実際④（第2・3・4時）

ゆうこさんの学習計画

日にち	学習内容	教科書
2月20日	直方体や立方体について学習する。	p103～105
2月21日	直方体と立方体の展開図をかいて，箱をつくる。	
2月22日	直方体と立方体以外の箱の展開図をかく。	

2月20日（第2時）

C 教科書の105ページまでのプリントを先にして，どこかわからないところがないか確認しよう。

C どの辺とどの辺がくっつくのかとか，頂点が重なるのはどこかっていうのが難しかったな。そこに注意して次の時間は実際に展開図から直方体と立方体をつくってみよう！

2月21日（第3時）

C 辺と頂点の重なりを考えながら，展開図をかいてみよう。

C 展開図から直方体と立方体の箱ができた！ 次の時間は教科書に載っている直方体と立方体以外の箱の展開図をかいてみよう。

2月22日（第4時）

C 六角柱の展開図は，どうやってかいたらいいんだろう。直方体の展開図をかくときに気をつけていたことを使って考えれば，つくれそうな気がするけど…。

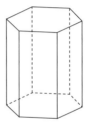

> **自由進度学習での教師の関わり方のポイント**
> 単元内自由進度学習では，学習の見通しをもてるように子どもたちに学習計画を考えさせることが大切ですが，単元全体の見通しをもてるように学習計画を立てるのは，4年生の子どもたちにはまだ難しいでしょう。そこで，本事例のように，1単元の中の数時間（2，3時間）の学習計画を立てさせるようにします。

第3章 単元内自由進度学習の実践例　121

5年の実践例
「図形の角を調べよう」

1 単元の目標

　三角形や四角形の内角の和について理解し，それを用いて多角形の角の性質を考える力を養い，帰納的及び演繹的に考えるよさに気づき，今後の生活や学習に活用しようとする態度を養うことができる。

  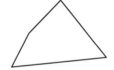

目標を達成した子どもたちの姿

> ○三角形や四角形の内角の和について求めることができる。
> ○三角形の内角の和を利用して，他の多角形の内角の和を求めることができる。
> ○多角形の内角の和の求め方を，図と式を関係づけて説明することができる。

2 単元計画

	目標	学習活動	一斉	自由進度
1	三角形の角の大きさについて調べ，三角形の内角の和は180°であることを見いだし，説明するとともに，計算で三角形の角の大きさを求めることができる。	正三角形や二等辺三角形を基に，三角形の3つの角の大きさのきまりを調べる。正三角形や二等辺三角形では3つの角の大きさの和が180°であることを確認し，他の三角形についての見通しをもつ。	○	
2		いろいろな三角形について，3つの角の大きさの和が180°になることを確認する。三角形の内角の和が180°になることを活用して，三角形のいろいろな角度を計算で求める。		○

第3章 単元内自由進度学習の実践例 123

3	三角形の内角の和を基にして，四角形の内角の和を考え，説明することができる。	角度を測らないで四角形の4つの内角の和を求める方法を考え，図や式を使って表す。四角形を三角形に分けて考えると，四角形の内角の和は360°になることをまとめる。	○	○
4	「多角形」を知り，多角形の内角の和の求め方を考え，説明することができる。	五角形，六角形の内角の和を三角形に分けて調べ，多角形の内角の和について表にまとめる。		○
5・6	四角形が敷き詰められる理由を考え，内角の和を基にして説明することができる。	折り込みにある一般四角形の同じ図形を並べ，すきまなく敷き詰める。形も大きさも同じ四角形が敷き詰められる理由を考える。	○	○

124

3 学習の実際①（第3・4時）

思考スキルを活用して考える子どもの姿と手だて

	抽象化する	応用する
子どもの姿	三角形の内角の和を基に他の多角形の内角の和を求める。	様々な多角形の内角の和を，三角形の内角を用いて考える。
手だて	三角形や四角形などの内角の和を表でまとめさせ，規則性に気づかせる。	様々な多角形は，どれも三角形に分けることができるということに，四角形や五角形を分ける中で気づかせる。

①子どもの問いやつぶやきからめあてをつくる【一斉】

　前時に子どもたちは，様々な三角形の内角の和を求めていく中で，すべての三角形の内角の和は180°であるということを学習しています。子どもたちは，自分で適当にかいた三角形の内角の和も180°になっていることから，自分たちが見いだしたことが正しかったということに喜びを感じていました。

　このことから，三角形以外の他角形の内角の和はどうなっているのかという問いを引き出し，めあてをつくってい

第3章　単元内自由進度学習の実践例　125

きます。

T　昨日，いろいろな三角形をかいて，内角の和を求めた
　　ら，すべての三角形の内角の和が180°だっていうこと
　　がわかりましたね。

C　そうそう，自分でかいた三角形の内角の和も180°だっ
　　たよ。

C　三角形の内角の和はすべて180°だったけど，他の形の
　　内角の和はどうなっているのかな？

C　四角形もすべて同じ角度になっているのかな？

T　なるほどね。確かに他の形でも内角の和が同じかどう
　　かは調べてみるとおもしろそうだね。
　　では，明日の算数の授業の最後に十角形の内角の和を
　　求め，その求め方を説明することを目指そう！

　本時は，第4時の最後に考える問題（十角形の内角の和
の求め方）をあえて先に示し，それをめあてとして設定し
ました。

十角形の内角の和を求め，その求め方を説明しよう。

　こうすることで，目標を達成するためにどのような学習
をしていけばいいのかという見通しをもち，自ら計画を立
てることができます。

②課題解決に向けての計画を立て，実行する【自由進度】

　ここからは，最後に取り組む問題を解決するために，どのように学習を進めていけばよいのかを一人ひとりが考え，実行していく時間とします。

たろうさんの学習計画

【3時間目，4時間目のめあて】十角形の内角の和を求め，その求め方を説明しよう。		
日にち	学習内容	教科書
9月5日	四角形の内角の和の求め方を考える。他の多角形の内角の和を考える。	教科書 p87〜90
9月6日	他の多角形の内角の和の求め方を考える。	

たろうさんの学習の様子

9月5日（第3時）

C　教科書を見て，四角形の内角の和の求め方はどうやって求めるのか考えてみよう。

C　なるほど…，四角形を2つの三角形に分けて考えたらいいのか。三角形の内角の和は180°だから，三角形が2つで180°×2で360°なんだ。

C　他の四角形でも確かめてみても，三角形が必ず2つできるから，360°になりそうだ。

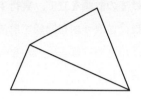

C　五角形も同じように，五角形の中に三角形をつくって考えてみよう。

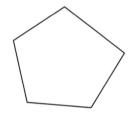
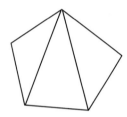

C　五角形だと三角形が3つできたから，180°×3で540°になるのかな。
C　本当に540°になるか，分度器で測って確かめてみよう。

9月6日（第4時）前半
C　昨日は，五角形の内角の和を求めることができたから，今日は十角形の内角を求めるために，他の多角形の内角の和を求められるようになろう。
T　たくさん求めてるなら，表にして記録しておいたらどうかな？
C　なるほど！

	三角形	四角形	五角形	六角形
三角形の数	1	2	3	4
内角の和	180	360	540	720

C　表にまとめたら，おもしろいこと見つけたよ！

C　何を見つけたの？

C　三角形の数が1，2，3，4，5って順に増えてて，
　　内角の和が180°ずつ増えてるよ！

C　本当だ！　私は七角形をしたけど，900°だったよ！

C　本当だ！　このきまりを使えば，十角形の内角の和を
　　求められそうじゃない？

自由進度学習での教師の関わり方のポイント

　基本的には個別学習で取り組みますが，教師は子ど
もの学びの様子を丁寧に見取り，主体的な学びを阻害
しないように注意しながら，思考を促進する問いやヒ
ントを投げかけます。また，この場面のように，自然
発生的に行われる友だちとの協働的な学びも，思考を
促進するうえでやはり有効です。

9月6日（第4時）後半

T　十角形の内角の和は何度になりましたか？

C　1440°になりました。

C　僕もそうなったよ。僕は三角形とか四角形の内角の和

第3章　単元内自由進度学習の実践例　129

を求めて，表にしたら，180°ずつ増えていることがわかったから，表を十角形までつくっていったら，1440°になりました。

	三角形	四角形	五角形	十角形
三角形の数	1	2	3	8
内角の和	180	360	540	1440

C　そうそう。○角形ってすると，○の中の数が3，4，5って1つずつ増えていくたびに，180°ずつ増えているよね。

C　僕も気づいた！　でも，どうして180°ずつ増えているのかがよくわからない…。

T　十角形の内角の和が1440°っていうことと，その求め方はみんな見つけたみたいだけど，どうして180°ずつ増えているのか，理由がよくわからないっていう声が聞こえてきたね。残りの時間は，それをめあてにしましょう。

内角の和が180°ずつ増える理由を説明しよう。

C　四角形とか五角形の中にできた三角形の数が増えているからだと思います。

C　私もそう思っていて，三角形の内角の和って180°でし

ょ？　だから，その三角形が1つ増えるごとに180°ず
つ増えているんだと思います。

C　○角形の○から2をひくと，そこにできる三角形の数
になってるよ！

C　私は，よく見ると○角形の○から2をひいた数が三角
形の数になっていたから，10－2＝8で，8×180を
すると1440°になりました。

C　なるほどね。どの多角形も三角形が何個あるかを考え
れば，内角の和が求められるんだね。

　この実践の授業は，従来教師側が与えた問題を1単位時
間の中で解決していました。しかし，この実践のように，
「次の時間のゴール」だけ伝え，子どもに学びを委ねるこ
とで，「何を知っていればよいのか」「どうしたら求められ
るのか」など，解決するために必要なものを選択して学習
を進めていく姿が見られました。

　このような学び方を繰り返していくことで，「授業で学
んで終わり」ではなく，家庭学習でも「○角形の内角の和
を求めよう！」といったテーマを決め，自主的に調べてく
る子どもの姿も見られるようになります。

第3章　単元内自由進度学習の実践例　131

6年の実践例
「およその面積や体積を求めよう」

1 単元の目標

　身の回りにある様々な形について，その概形を捉えることでおよその面積や体積を求められることを理解し，図形を構成する要素や性質に着目し，面積や体積の求め方を筋道立てて考える力を養うことができる。

目標を達成した子どもたちの姿

○身の回りにある様々な形のおよその面積や体積を求めることができる。
○およその面積や体積の求め方について，説明することができる。
○目的に応じておよその面積や体積を日常生活の中で生かすことができる。

2 単元計画

	目標	学習活動	一斉	自由進度
1 2	様々な形について，その概形を捉えることで面積を求められることを理解する。	身の回りにあるいろいろなもののおよその面積を求める。	○	○
3	身の回りにあるものの形について，その概形を捉えることで容積や体積を求められることを理解する。	身の回りにあるいろいろなもののおよその容積や体積を求める。		○
4	単元の学習の活用を通して事象を数理的に捉え論理的に考察し，問題を解決する。	地図を使って，いろいろな都道府県や市区町村などのおよその面積を求める。		○
5	興味をもったおよその面積や体積の求め方について説明できる。	自分で求めたおよその面積や体積を説明する。	○	

第3章　単元内自由進度学習の実践例　133

3 学習の実際（全5時間）

思考スキルを活用して考える子どもの姿と手だて

	推論する	広げてみる
子どもの姿	様々な形を既習の形に見立てて，面積や体積を求める。	およその大きさについて興味をもち，様々なものの大きさを調べる。
手だて	身の回りにあるものや縮尺率が書かれた白地図などを用意しておく。	タブレットを活用し，実際におよその大きさで表しているものなど調べたものを提示していく。

①子どもの問いや願いからめあてをつくる【一斉】

　本単元は，子どもたちに甲子園球場や北海道の面積，牛乳パックの容積を提示するところからスタートします。子どもたちは，今までの学習の中で四角形や三角形など，様々な形の面積を求めることができるようになっています。しかし，今までは直線で囲まれた形の面積ばかりを求めていたため，甲子園球場や北海道の面積のように直線でない線で囲まれた形の面積をどうやって求めるのかということや，求めた面積は正確なのかといったことを子どもたちは考え始めます。そして，およその面積や体積を求めていく

134

中で,「もっと正確に求めたい」という思いが生まれます。

　こういった子どもたちの問いや願いを基にめあてを設定し,全4時間分の学習計画を立てていきます。

T　この写真の場所に行ったことはありますか？

C　甲子園球場だ！　夏に高校野球を見に行ったことがあるよ。

C　北海道は家族で旅行に行ったことがあるよ！

T　ところで,甲子園球場と北海道ってどれくら

いの広さかというと,甲子園球場が約38500m^{2}で,北海道が約83424km^{2}なんだって。

C　北海道ってすごく広いんだ！

C　僕たちが住んでる三重県はどのくらいの広さなの？

C　でも,北海道の面積ってどうやって求めたの？

T　どういうこと？

C　だって,北海道の形ってまっすぐじゃないから。

C　そうそう,四角形とか三角形みたいな形じゃないから,どうやって求めたのかなって思うよね。

C　確かに。甲子園の面積もなんか台形っぽいけど,台形じゃないからね。

T　なるほど。今まで習ってきた形ではないから,どうや

第3章　単元内自由進度学習の実践例　135

って求めたのかはよくわからないけど，面積はあるん
だね。

C　うん。今まで習ってきた形ではないけど，面積はある
から，どうやって求めたのかわからないな。

　子どもたちの「台形っぽい」「今まで習ってきた形」「面
積はある」といったつぶやきを基に，めあてを次のように
設定します。

> 　凸凹した形の面積や体積の求め方を考え，その求め
> 方を説明しよう。

　さらに，「1つ調べたいものを決め，面積や体積とその
求め方をプレゼンテーションソフトを活用して説明する」
という最後の時間（第5時）に行う課題を子どもたちに伝
えます。

　そして，その最後の課題に向けて，子どもたちは自分自
身で学習計画を立て，学習を進めていきます。

②課題解決に向けての計画を立て，実行する【自由進度】

　ここからは，最後の課題に向けて，どのように学習を進
めていけばよいのかを一人ひとりが考え，実行していく時
間とします。

136

ゆうきさんの計画

めあて 凸凹した形の面積や体積の求め方を考え，その求め方を説明しよう。		
日にち	学習内容	教科書
10月12日	教科書の142〜143ページまでの学習をする。	教科書 p142〜146
10月13日	都道府県の面積を求めてみる。	
10月15日	およその数で求められている面積や体積のものを調べる。	
10月16日	前の時間に調べた面積や体積が正しいか自分で計算して測ってみる。	
10月19日	【最後の課題】 1つ調べたいものを決め，その面積や体積と求め方を説明する。	

10月12日（第1時）

C 教科書の問題からやっていこうかな。

C なるほどね！ さっき見た甲子園の面積も台形と見て面積を求めると，およその面積を出すことができるのか。

第3章 単元内自由進度学習の実践例 137

C ランドセルのおよその容積だったら,直方体として考えて,およその容積を求めたらいいんだ。ということは,面積も体積も,今まで習った形に見立てて,およその面積を求めたらいいんだ。

C 私は自分の筆箱の体積を求めてみようかな。

10月13日（第2時）

C 今日は,いろいろな都道府県の面積を求めてみよう。

T 都道府県の白地図は,用意してあるからね。

C どこの県からしてみようかな。

C 僕は三重県からやってみるよ。

C 私も三重県をやってみるから,どっちが本当の面積に近くなるか勝負してみよっか。

C 僕は約5700km²になったよ。

C 私は6720km²になったよ。

C 全然違うね。どうやって三重県の形を見立てたの？

C 僕は三角形と見立てて考えた

よ（下左図）。
C 私は四角形と見立てて考えたんだ（下右図）。

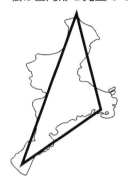 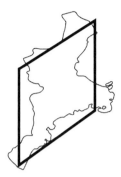

C 実際には何km²あるのか，インターネットで調べてみようか。
C 三重県の面積は，5777.22km²だって！
C すごい，5700km²にとても近いね！ 自分で形を決めて求めるだけで，本当に近い面積が求められるっておもしろいね。
C 今度はどの県の面積を求めてみようかな…。

10月15日（第3時）

C 昨日，インターネットで三重県の面積とか他の県の面積を調べたから，今日は他におよその面積とか体積とかがどんなときに使われているか調べてみようかな。
C およその面積とか体積って意外とたくさんのところで使われているんだね。

およその面積	およその体積
都道府県の面積	ペットボトル
世界の国の面積	プールの水
建物の面積	牛乳パック
古墳の面積	水筒

C この中で、どれを自分で求めてみようかな…。世界のどこかの国の面積を求めてみよう！

10月16日（第4時）

C 今日はスペインの面積を求めてみてから、ヨーロッパの国の面積をいっぱい求めよう。

C スペインって、長い長方形と正方形の2つの形を組み合わせた形に見立てればおよその面積を求めることができそうだな。

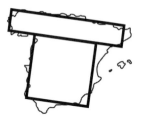

C 計算してみると48万 km^2 で、調べてみると実際の面積は50.6万 km^2 だから、ほとんど変わらなかったな。国のような大きなものでも、およその面積を結構正確に求めることができるのっておもしろいな。

C 他の国の面積も求めてみよう！

10月19日（第5時）

T 今まで，いろいろな形の面積や体積について求めてきましたね。今日は今まで学習してきたことを発表しましょう。

C 私は，ドイツのおよその面積を求めました。どうやって求めたかというと，四角形が2つあると考えました。すると，37万4000km^{2}でした。実際は，35万7588km^{2}だったので，結構近い数になりました。

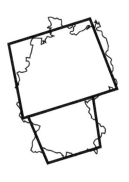

T 今までに習った形に置き換えて面積を求めると，およその面積や体積を求めることができるんだね。

　自由進度学習を行っていく中で大切なこととして，子どもたちが見通しをもっている，ということがあります。つまり「この単元ではどのような力をつけないといけないのか」ということや「最後にこんなことをするんだ」といったことです。そうすることで，「教科書で学習すること」「追究してみたいこと」などが学習を進めていく中で明確になってきます。

第3章 単元内自由進度学習の実践例 141

【著者紹介】
今井　啓介（いまい　けいすけ）
1979年三重県鳥羽市生まれ。三重大学教育学部卒業。四日市市公立小学校，三重大学教育学部附属小学校等を経て，現在四日市市教育委員会指導課。関西算数授業研究会所属。
単著に，『小学校算数　「見方・考え方」を働かせる「深い学び」の授業デザイン』（2019年，明治図書）

小学校算数　単元内自由進度学習のデザイン

2025年4月初版第1刷刊　Ⓒ著　者	今　井　啓　介
発行者	藤　原　光　政
発行所	明治図書出版株式会社

http://www.meijitosho.co.jp
（企画）矢口郁雄（校正）大内奈々子
〒114-0023　東京都北区滝野川7-46-1
振替00160-5-151318　電話03(5907)6701
ご注文窓口　電話03(5907)6668

＊検印省略　　　　組版所　藤原印刷株式会社

本書の無断コピーは，著作権・出版権にふれます。ご注意ください。

Printed in Japan　　　　　ISBN978-4-18-243623-9
もれなくクーポンがもらえる！読者アンケートはこちらから →

「個別最適な学び」と「協働的な学び」の現在地

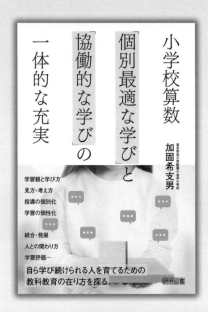

加固希支男
[著]

「個別最適な学び」「協働的な学び」という2つの視点から、"自ら学び続ける人"を育てるための教科教育の在り方を問う1冊。先行研究や教育動向を丹念に紐解きつつ、1年間の実践の蓄積に基づいて、学び方から評価まで具体的かつ実践的な提案を行っています。

176ページ／四六判／定価 1,936 円(10%税込)／図書番号：4472

明治図書 携帯・スマートフォンからは **明治図書 ONLINE へ** 書籍の検索、注文ができます。▶▶▶

http://www.meijitosho.co.jp　＊4桁の図書番号で、HP、携帯での検索・注文が簡単に行えます。
〒114-0023　東京都北区滝野川7-46-1　ご注文窓口　TEL 03-5907-6668　FAX 050-3383-4991